JN098613

最高水準
問題集

中3英語

佐藤誠司　著

文英堂

本書のねらい

▶みなさんは，"定期テストでよい成績をとりたい"とか，"希望する高校に合格したい"と考えて毎日勉強していることでしょう。そのためには，**どんな問題でも解ける最高レベルの実力を**身につける必要があります。では，どうしたらそのような実力がつくのでしょうか。それには，よい問題に数多くあたって，自分の力で解くことが大切です。

▶この問題集は，最高レベルの実力をつけたいという中学生のみなさんの願いに応えられるように，次の３つのことをねらいにしてつくりました。

1 教科書の内容を確実に理解しているかどうかを確かめられるようにする。

2 おさえておかなければならない内容をきめ細かく分析し，問題を１問１問練りあげる。

3 最高レベルの良問を数多く収録し，より広い見方や深い考え方の訓練ができるようにする。

▶この問題集を大いに活用して，どんな問題にぶつかっても対応できる最高レベルの実力を身につけてください。

本書の特色と使用法

① すべての章を「標準問題」→「最高水準問題」で構成し，段階的に無理なく問題を解いていくことができる。

▶本書は，「標準」と「最高水準」の２段階の問題を解いていくことで，各章の学習内容を確実に理解し，無理なく最高レベルの実力を身につけることができるようにしてあります。
▶本書全体での「標準問題」と「最高水準問題」それぞれの問題数は次のとおりです。

標準問題……113題　　最高水準問題……149題

豊富な問題を解いて，最高レベルの実力を身につけましょう。
▶さらに，学習内容の理解度をはかるために，より広いまとまりごとに「**実力テスト**」を設けてあります。ここで学習の成果と自分の実力を診断しましょう。

② 「標準問題」で，各章の学習内容を確実におさえているかが確認できる。

▶「標準問題」は，各章の学習内容のポイントを1つ1つおさえられるようにしてある問題です。1問1問確実に解いていきましょう。各問題には［タイトル］がつけてあり，どんな内容をおさえるための問題かが一目でわかるようにしてあります。

▶どんな難問を解く力も，基礎学力を着実に積み重ねていくことによって身についてくるものです。まず，「標準問題」を順を追って解いていき，基礎を固めましょう。

▶その章の学習内容に直接かかわる問題に **重要** のマークをつけています。じっくり取り組んで，解答の導き方を確実に理解しましょう。

③ 「最高水準問題」は各章の最高レベルの問題で，最高レベルの実力が身につく。

▶「最高水準問題」は，各章の最高レベルの問題です。総合的で，幅広い見方や，より深い考え方が身につくように，難問・奇問ではなく，各章で勉強する基礎的な事項を応用・発展させた質の高い問題を集めました。

▶特に難しい問題には，**難** マークをつけて，解答でくわしく解説しました。

④ 「標準問題」にある〈ガイド〉や，「最高水準問題」にある〈解答の方針〉で，基礎知識を押さえたり適切な解き方を確認したりすることができる。

▶「標準問題」には，**ガイド** をつけ，学習内容の要点や理解のしかたを示しました。

▶「最高水準問題」の下の段には，**解答の方針** をつけて，問題を解く糸口を示しました。ここで，解法の正しい道筋を確認してください。

⑤ くわしい〈解説〉つきの別冊解答。どんな難しい問題でも解き方が必ずわかる。

▶別冊の「解答と解説」には，各問題のくわしい解説があります。答えだけでなく，**解説** もじっくり読みましょう。

▶ **解説** には ⑦ **得点アップ** を設け，知っているとためになる知識や高校入試で問われるような情報などを満載しました。

もくじ

接続詞・前置詞

間接疑問・付加疑問

別冊 解答と解説

1 過去形と未来形 / 助動詞

重要 001 [過去の文]

( )内の動詞を適当な形にかえなさい。

① I (study) English for two hours last night.　　　　　　　(　　　)

② She (buy) a new computer yesterday.　　　　　　　　　(　　　)

③ He (stop) studying and listened to music.　　　　　　　(　　　)

④ I (eat) lunch and played a video game.　　　　　　　　(　　　)

⑤ It was rainy when I (leave) home this morning.　　　　　(　　　)

⑥ "Did you go out today?" ― "No. I (stay) at home all day."　(　　　)

> ガイド (1) 次のような場合は，動詞を過去形にする。
> ・過去を表す語句(yesterday, last ～, ～ ago など)がある。
> ・問いと答えの文があり，片方の動詞が過去形になっている。
> (2) 動詞の過去形には，規則的なもの(walked, loved, dropped, tried など)と，不規則なもの
> (made, spoke, read, wrote など)がある。

語句 ③ stop -ing ～するのをやめる　④ video game テレビゲーム　⑤ leave home 家を出る
⑥ all day 一日中

重要 002 [過去進行形]

( )内から適当な語句を選び，記号を○で囲みなさい。また，完成した文を日本語になおしなさい。

① When I came home, my brother (ア watched　イ was watching) TV.

　(訳) _____

② I (ア didn't　イ wasn't) studying at ten last night.

　(訳) _____

③ Was he (ア have　イ having) lunch when you called him?

　(訳) _____

> ガイド (1) 過去進行形は，〈was [were] + -ing〉の形で「～していた」(過去のある時点で進行中の動作)を表す。否定文は was [were] の後ろに not をつける(短縮形は wasn't [weren't])。疑問文は was [were] を主語と入れかえる。
> (2) 過去進行形を使った文は，〈過去のある時点〉を示す語句を含むのがふつう。特に，when(～したとき)とともに使うことが多い。

重要 | 003 〉[未来を表す will / be going to]

( ) 内に適当な1語を入れて，英文を完成しなさい。

① 私たちは明日は忙しいでしょう。 We ( ) ( ) busy tomorrow.

②「電話が鳴っています。」「私が出ましょう。」

　“The phone is ringing.” —“( ) get it.”

③ 雨が降りそうだ。

　It's ( ) ( ) rain.

④ 私たちの電車は時間どおりには来ないだろう。

　Our train ( ) come on time.

⑤ あなたは今度の日曜日に何をする予定ですか。

　What ( ) ( ) ( ) to do next Sunday?

ガイド 〈will ＋動詞の原形〉〈be going to ＋動詞の原形〉は，次の意味を表す。

will	主語が I，we	・「私(たち)は～するつもりだ。」 ・「私(たち)は～(になる)だろう。」 ※ will be ～の形で使うことが多い。
	主語が I，we 以外	・「(主語)は～するだろう。」
be going to	主語は何でもよい	・「(主語)は～する予定だ。」 ・「(主語)は～(今にも)しそうだ。」

語句 ② get（電話に)出る ④ on time 時間どおりに

004 〉[Will you ～? / Shall I ～? / Shall we ～?]

[A]の①～④に対する返答として適当なものを，[B]のア～エから1つずつ選びなさい。

[A] ① Will you help me with my homework? ( )

　　② Will you have another cup of coffee? ( )

　　③ Shall I turn on the air conditioner? ( )

　　④ Shall we go to the movies tomorrow? ( )

[B] ア No, thank you. 　 イ Yes, let's.

　　ウ Sure. 　 エ Yes, please. It's a little hot.

ガイド Will you ～? ＝～してくれませんか。〈相手に依頼する〉

　　※「～しませんか」と相手に勧める場合にも使う。

　　Shall I ～? ＝(私が)～しましょうか。〈相手の意向を尋ねる〉

　　Shall we ～? ＝(いっしょに)～しませんか。〈Let's ～. とほぼ同じ意味〉

語句 ① help A with B　A(人)の B(仕事など)を手伝う　③ turn on ～　～のスイッチを入れる
air conditioner エアコン　④ go to the movies 映画を見に行く

005 > [can / may / must]

日本語訳を完成しなさい。

① He can't be in the hospital. I saw him this morning.

彼は_____。私は今朝彼に会った。

② You may be right, but I don't agree with you.

あなたは_____が，私はあなたに賛成しない。

③ She must be tired after jogging for an hour.

彼女は1時間ジョギングしたあとなので_____。

> **ガイド** can ＝(1)「～できる」，(2)「～してよい(may)」/ can't ＝(1)「～できない」，(2)「～のはずがない」
> may ＝(1)「～してよい」，(2)「～かもしれない」
> must ＝(1)「～しなければならない」，(2)「～にちがいない」

006 > [have to / be able to]

2つの文の表す内容がほぼ同じになるように，（　　）内に適当な1語を入れなさい。

① He must study harder.

He (　　　　　) (　　　　　) study harder.

② You need not finish this work today.

You (　　　　　) (　　　　　) to finish this work today.

③ I couldn't answer the last question.

I (　　　　　) (　　　　　) to answer the last question.

> **ガイド** have [has] to ＋動詞の原形＝～しなければならない（must）
> don't [doesn't] have to ＋動詞の原形＝～しなくてよい（need not）
> ※ must not は「～してはいけない」。
> be able to ＋動詞の原形＝～できる（can）

007 > [should / would like to]

（　　　）内の語句を並べかえて，英文を完成しなさい。

① そんな話を信じないほうがよい。 You (believe / a / not / such / should) story.

_____

② 私は将来アメリカに住みたい。

I (live / like / in / would / America / to) in the future.

_____

> **ガイド** should ＋動詞の原形＝～すべきだ，～するほうがよい
> would like to ＋動詞の原形＝～したい（want to）

最高水準問題

解答 別冊 p.2

008 ( )内に入る適当な語句を下から1つ選び，記号を○で囲みなさい。

① A: Who played the piano in the music room?　B: My friend ( ).

　ア does　　　　イ has　　　　ウ was　　　　エ did　　　（東京・中央大附高）

② Jane ( ) in the library when I saw her an hour ago.

　ア studies　　　　　　　イ was studying

　ウ has studied　　　　　エ is studying　　　（山梨・駿台甲府高）

③ [*At home*] A: Mom, you look very busy today.　Shall I make lunch?

　　　　　　　B: Thanks, Lisa.　But ( ).　I'm going to make lunch.

　ア I can't　　　イ you can　　　ウ I don't have to　エ you don't have to　（福島県）

④ ( ) take a rest for a while?　You've done lots of things.

　ア May I　　　イ Must you　　ウ Shall I　　　エ Why don't you　（大阪桐蔭高）

⑤ A: This problem is difficult for me.　Can I ask you a question?

　B: ( ).　What do you want to ask?

　ア Yes, I will

　イ Sure

　ウ Really?　He doesn't know that

　エ They are right　　　　　　　　　　　　　　　　　（神奈川・平塚江南高）

⑥ A: Thank you very much for the great dinner.

　B: You're welcome.　Now, would you like some more tea?

　A: ( )

　ア Please help yourself.　　　イ Sure.　Here you are.

　ウ I hope you like it.　　　　エ Yes, please.　　　　　（沖縄県）

⑦ A: Hello.　This is Fred.　Can I speak to James?

　B: I'm sorry, but he is out now.

　A: Oh.　Well, then, ( ) take a message?

　ア may I　　　イ shall we　　ウ will you　　　エ shall I　（東京・日本大第二高）

⑧ A: Excuse me, but where's the zoo?

　B: Down the street, on your left.　( )

　ア I can help you.　　　　　イ You won't find it.

　ウ You can't miss it.　　　エ Here it is.　　　　　　（広島・崇徳高）

解答の方針

008 ④ take a rest 休憩する　for a while 少しの間　⑥ Please help yourself. 自由に取って食べて[飲んで]ください。　⑦ take a message 伝言を受け取る　⑧ miss 〜を見逃す

009 次の文に対する適当な返答を下から1つ選び，記号を○で囲みなさい。

① Shall we go out for a walk?

   ア No, you don't.   イ That sounds great.

   ウ You're welcome.   エ I'm afraid so.   （広島・崇徳高）

② How would you like your tea?

   ア Very well.   イ With milk, please.

   ウ Yes, I would.   エ I like it very much.   （広島・崇徳高）

③ Don't forget to write to me.

   ア Yes, I do.   イ No, I won't.

   ウ Yes, I don't.   エ No, I will.   （愛媛・愛光高）

010 指示に従って書きかえなさい。

① We went shopping last Saturday.（否定文に）   （兵庫・芦屋学園高）

_____

② They listened to some speeches about world peace.（否定文に）   （高知学芸高）

_____

難 ③ Don't be noisy in this concert hall.（must を用いて肯定文に）   （神奈川・日本大高）

_____

011 2つの文の表す内容がほぼ同じになるように，（　　）内に適当な1語を入れなさい。

① Don't go into his room.

   You (　　　　　) (　　　　　) go into his room.   （東京・城北高）

② It wasn't necessary for you to help Mary with her homework.

   You (　　　　　) (　　　　　) to help Mary with her homework.   （東京・実践学園高）

③ Is it all right for us to fish in this river?

   (　　　　　) we fish in this river?   （東京・城北高）

難 ④ Would you open the window?

   Would you (　　　　　) opening the window?   （東京・國學院大久我山高）

──【解答の方針】──────────────────────────

009 ① go out for a walk 散歩に出かける　③〈forget ＋不定詞〉〜し忘れる

010 ③ noisy 騒がしい

011 ② necessary 必要な　③ fish 魚を釣る

012 （　　）内の語句を並べかえて，英文を完成しなさい。

① 彼はあなたから手紙をもらったら喜ぶにちがいない。

He (a letter / be / from / get / glad / must / to / you). （埼玉・城西大付川越高）

② 夜遅く大きな音を出すのをやめてくれませんか。（1語不要）

(noise / late / you / to / will / stop / making) at night? （埼玉・大妻嵐山高改）

③ いやなら私といっしょに行く必要はないですよ。（1語不要） （茨城・常総学院高）

(do / have / with me / to / go / not / must / you) if you don't want to.

④ 明日の天気はどうなるでしょう。（1語不要）

(what / will / the weather / be / like / how) tomorrow? （千葉・日本大習志野高）

⑤ (bus / get / I / should / station / take / the / to / to / which)? （大阪・関西大倉高）

難 **013** 下線部のどこかに連続する2語を加えて，英文を完成しなさい。

A: Would you like in a picture with me here?

B: That sounds like a good idea.　I'll ask that man to take a picture of us.

（東京・早稲田実業高）

014 この春，あなたはアメリカのある家庭でホームステイをする予定にしています。学校の先生から，事前にいくつかの英文を用意しておくように言われました。それぞれの状況に対して，どのような英文を用意するか考えて答えなさい。ただし，すべての英文は1文で書きなさい。その1文は6語以上とし，記号[.,?! など]は単語としては数えません。 （兵庫・関西学院高等部）

① 日本の家族と話をするために，その家の電話を使わせてほしいと頼むとき。

② 気分が悪くて病院に連れていってほしいとき。

解答の方針

012 ② make noise 音を立てる　⑤ get to〜　〜に着く

013 「いっしょに写真に入りましょう。」と誘っている。

014 ②「気分が悪い」は sick で表す。

2 比較

標 準 問 題 ──────────────────────────── (解答) 別冊 p.4

重要 [015] [形容詞・副詞の比較変化(1)]

次の語の比較級・最上級を書きなさい。

① long　　　 比較級 (　　　　　　　) 　最上級 (　　　　　　　)

② nice　　　 比較級 (　　　　　　　) 　最上級 (　　　　　　　)

③ hot　　　 比較級 (　　　　　　　) 　最上級 (　　　　　　　)

④ easy　　　 比較級 (　　　　　　　) 　最上級 (　　　　　　　)

⑤ difficult　 比較級 (　　　　　　　) 　最上級 (　　　　　　　)

⑥ slowly　　 比較級 (　　　　　　　) 　最上級 (　　　　　　　)

> **ガイド** 形容詞・副詞のもとの形が原級,「より〜だ」を表す形は比較級,「最も〜だ」を表す形は最上級。
>
> | 原級 | 比較級 | 最上級 | |
> | --- | --- | --- | --- |
> | tall | taller | tallest | 短い語には -er・-est をつける(多 |
> | large | larger | largest | 少形が変わることもある)。 |
> | big | bigger | biggest | |
> | early | earlier | earliest | |
> | beautiful | more beautiful | most beautiful | ← 長い語は前に more・most を置く。 |

重要 [016] [形容詞・副詞の比較変化(2)]

(　　)内の語を適当な形にかえなさい。

① I have (many) books than my brother.　　　　　　　　(　　　　　)

② I feel (good) today than yesterday.　　　　　　　　　(　　　　　)

③ She sings karaoke the (well) in my class.　　　　　　(　　　　　)

④ Today was the (bad) day in my life.　　　　　　　　 (　　　　　)

> **ガイド** 後ろに than があれば比較級, in や of があれば最上級。以下の形容詞・副詞は特殊な形になる。
>
> | 原級 | 比較級 | 最上級 |
> | --- | --- | --- |
> | many / much | more | most |
> | little | less | least |
> | good / well | better | best |
> | bad / ill | worse | worst |

017 [比較級を含む表現]

( )内に適当な1語を入れて，英文を完成しなさい。

① 彼女は私よりもずっとたくさんのお金を使った。

She spent ( ) ( ) money than I did.

② もう少しゆっくり話してください。

Please speak a ( ) ( ) slowly.

③ 500人を超える人たちがそのコンサートに来た。

( ) ( ) 500 people came to the concert.

④ だんだん寒くなってきた。

It became ( ) and ( ).

⑤ 私は洋食より和食のほうが好きです。

I like Japanese food ( ) ( ) Western food.

> **ガイド** much + 比較級（+ than …）=（…よりも）ずっと～
> a little + 比較級（+ than …）=（…よりも）少し～
> more than ～ = ～よりも多い / less than ～ = ～よりも少ない
> 比較級 + and + 比較級 = ますます［だんだん］～
> like A better than B = B よりも A のほうが好きだ

語句 ① spent spend（費やす）の過去形 ⑤ Western 西洋の

018 [最上級を含む表現]

( )内に適当な1語を入れて，英文を完成しなさい。

① 東京は世界で最も大きな都市の1つだ。

Tokyo is one of the ( ) ( ) in the world.

② 横浜は日本で2番目に大きな都市だ。

Yokohama is the ( ) ( ) city in Japan.

③ ほとんどの生徒がそのテストに合格した。

( ) students passed the test.

④ 何ごとにも最善をつくすべきだ。

You should do your ( ) in everything.

⑤ 私はすべての季節のうちで春が一番好きだ。

I like spring the ( ) ( ) all seasons.

> **ガイド** one of the + 最上級 + 複数名詞 = 最も～な…の1つ　　the + 序数 + 最上級 = …番目に～な
> most of the ～ = ～の大部分 / most ～ = ほとんどの～
> do one's best = 最善をつくす / like A (the) best (of ～) = (～のうちで)A が一番好きだ

重要 019 〉[原級を含む表現]

2つの文の表す内容がほぼ同じになるように，（　　）内に適当な1語を入れなさい。

① My house is smaller than this house.

My house isn't (　　　　) (　　　　) as this house.

② I'm fifteen.　My father is forty-five.

My father is (　　　　) (　　　　) as old as I am.

③ I ran as fast as possible.

I ran as fast as (　　　　) (　　　　).

> **ガイド** (1) not as [so] ＋原級＋ as ... ＝…ほど〜ない
> (2) 〜 times as ＋原級＋ as ... ＝…の〜倍(の)　※2倍のときは twice
> (3) as ＋原級＋ as S can ＝ as ＋原級＋ as possible ＝できるだけ〜

020 〉[比較を含む書きかえ]

（　　）内の指示に従って，ほぼ同じ意味の文を完成しなさい。

① This bag is heavier than my bag. （比較級を使って）

My bag is ＿＿＿＿＿＿＿＿＿＿＿＿＿＿＿＿＿＿＿.

② My mother is not as old as my teacher. （比較級を使って）

My mother is ＿＿＿＿＿＿＿＿＿＿＿＿＿＿＿＿＿.

③ Mt. Fuji is the highest mountain in Japan. （比較級を使って）

Mt. Fuji is ＿＿＿＿＿＿＿＿＿＿＿＿＿＿＿ mountain in Japan.

④ No other river in Japan is as long as the Shinano River. （最上級を使って）

The Shinano River is ＿＿＿＿＿＿＿＿＿＿＿＿＿ in Japan.

⑤ Time is the most important thing. （比較級を使って）

Time is ＿＿＿＿＿＿＿＿＿＿＿＿＿＿＿＿＿＿.

⑥ Health is the most important thing. （原級を使って）

＿＿＿＿＿＿＿＿＿＿＿＿＿＿＿＿＿＿＿ health.

> **ガイド** (1) A is ＋比較級＋ than B. ＝ B is ＋反意語の比較級＋ than A.
> (2) A is ＋比較級＋ than B. ＝ B is not as [so] ＋原級＋ as A. （B は A ほど〜ではない。）
> (3) A is the ＋最上級 .... 　＝ A is ＋比較級＋ than any other .... （A はほかのどの…よりも〜だ。）
> 　　　　　　　　　　　　＝ No other ... is ＋比較級＋ than A. （A ほど〜な…はない。）
> 　　　　　　　　　　　　＝ No other ... is as [so] ＋原級＋ as A. （A ほど〜な…はない。）
> (4) A is the ＋最上級 （＋ thing）. ＝ A is ＋比較級＋ than anything else. （A はほかの何よりも〜だ。）
> 　　　　　　　　　　　　　　　　＝ Nothing is ＋比較級＋ than A. （A ほど〜なものはない。）
> 　　　　　　　　　　　　　　　　＝ Nothing is as [so] ＋原級＋ as A. （A ほど〜なものはない。）

最 高 水 準 問 題 ———————————————————————— 解答 別冊 p.5

021 （　　）内に入る適当な語句を下から１つ選び，記号を○で囲みなさい。

① Kate has (　　　) I do.

　　ア as many dresses as　　イ dresses as many as

　　ウ as much as dresses　　エ dress as much as　　　　　　　（岡山白陵高）

② This movie is (　　　) interesting than that one.

　　ア much　　　　　　　　イ much more

　　ウ very　　　　　　　　エ very more　　　　　　　　　　（千葉・専修大松戸高）

難 ③ Can you see two girls talking over there?　Wendy is (　　　) of the two.

　　ア the tallest　　イ taller　　ウ the taller　　エ tallest　　　（東京・城北高）

022 ２つの文の表す内容がほぼ同じになるように，（　　）内に適当な１語を入れなさい。

① Tom is six years old.　Jane is four years old.

　　Jane is (　　　　　) than Tom (　　　　　) two years.　　（神奈川・日本大高）

② Tom is the tallest boy in our class.　　　　　　　　　　　（長崎・青雲高）

　　Tom is taller than (　　　　) (　　　　) (　　　　) in our class.

③ John is the best soccer player of all the boys in the class.

　　No other boy in the class can play soccer (　　　　) (　　　　) (　　　　)

　　John.　　　　　　　　　　　　　　　　　　　　　　　（智弁学園和歌山高）

④ There are two other sports which are more popular than fishing in the U.S.

　　Fishing is (　　　　) (　　　　) most popular sport in the U.S.　（埼玉・立教新座高）

難 ⑤ Vegetables seem to get more expensive these days.

　　Prices for vegetables seem to get (　　　　) these days.　（東京・早稲田実業高）

⑥ My camera is not so expensive as yours.

　　My camera is (　　　　) (　　　　) (　　　　) yours.　　（千葉・昭和学院秀英高）

難 ⑦ She is too wise to do such things.

　　She knows (　　　　) than to do such things.　　　　（東京・國學院大久我山高）

解答の方針

021 ③「ウェンディーは２人のうちで背の高いほうです。」の意味。

022 ③ 原級を使う。　⑤ vegetable 野菜　expensive 値段が高い　⑥ more の反対の意味を表す語を使う。　⑦ wise 賢い

023 ( )内の語句を並べかえて，英文を完成しなさい。

① Eメールは，今日最もよく使われている伝達方法の1つです。

E-mail is (communicate / most / one / of / popular / the / to / ways) today.

（広島大附高）

_____

② カズコは私よりもずっとテニスが上手です。

(do / Kazuko / I / plays / than / much / tennis / better).　　（東京・実践学園高）

_____

③ 私たちの学校はあなたの学校の3倍の生徒がいます。

(as / as / has / many / three times / yours / students / our school).

（東京・郁文館高）

_____

④ 私の父は，いつも，できる限り慎重に車を運転しようと努めている。(1語不要)

My　father　(always / as / can / carefully / drive　as / he / possible / tries
to).　　（茨城・常総学院高）

_____

⑤ 彼は去年ボストンに行ったとき，とても読み切れないほど本を買いました。

He bought (could / than / he / more / read / books) when he went to Boston.

（大阪星光学院高）

_____

⑥ オックスフォードは，私が今まで訪れた中で最も美しい町です。(1語不要)

Oxford (the / beautiful / I / most / visited / to / city / ever / is / have).

（東京・中央大杉並高）

_____

難 ⑦ ご自由に取ってお召し上がりください。

Please (to / like / help / much / yourself / as / you / as / food).　　（大阪星光学院高）

_____

難 ⑧ 職を求めて日本に来る外国人がますます増えているというのは本当ですか。(1語不足)

Is　it　true　(to　Japan / jobs / are　coming / that / more / to　look　for / and /
foreigners)?　　（京都・洛南高）

_____

解答の方針

023 ⑦ help yourself to 〜　〜を自由に取って食べる　⑧ it is true that 〜　〜ということは本当だ

024 ( )内に適当な 1 語を入れて，英文を完成しなさい。

① 時ほど重要なものはない。

( ) is as ( ) as time. (愛知・東邦高)

② 男の子の中でヤマダ君が一番英語を話すのが上手だ。

No other boy can speak ( ) ( ) ( ) ( ) Mr. Yamada. (広島大附高)

③ 今朝弟は家族の中で一番早く起きた。

This morning my brother got up ( ) ( ) ( ) ( ) member of my family. (東京・巣鴨高 改)

025 下線部が誤っているものを 1 つ選び，記号を○で囲みなさい。

① One of ア<u>the most famous</u> イ<u>statues</u> ウ<u>are</u> the Statue of Liberty エ<u>in</u> New York. (宮城・東北学院榴ヶ岡高)

② My father ア<u>comes home</u> イ<u>later</u> every day than any other ウ<u>members</u> エ<u>of</u> my family. (大阪桐蔭高 改)

③ A: ア<u>May</u> I use your computer イ<u>for</u> a day?

B: Sure. But my computer is very old. I think Tom's computer is ウ<u>better than</u> エ<u>me.</u> (神奈川・鎌倉高)

難 **026** 下線部のどこかに連続する 2 語を加えて，英文を完成しなさい。

A: The high school is far from my house. But I hear it is near your house.

B: No. I'm afraid you're wrong. <u>The high school is your house than to mine.</u>

(東京・早稲田実業高)

027 英語になおしなさい。

ケンは彼のクラスでだれが一番速く泳げるか知っている。 (高知学芸高)

解答の方針

024 ② 比較級と原級のどちらを使うかは( )の数で決める。 ③ member が単数形である点に注意。

025 ① the Statue of Liberty 自由の女神像

026 than は比較級とセットで使う。to に着目する。

3 受動態

（解答）別冊 p.6

標 準 問 題

重要 028 〉[受動態の形]

2つの文の表す内容がほぼ同じになるように，（　　）内に適当な1語を入れなさい。

① We use this knife for cooking.

This knife (　　　　) (　　　　) for cooking.

② Many people around the world study English.

English is (　　　　) (　　　　) many people around the world.

③ This book is read by many children.

Many children (　　　　) (　　　　) (　　　　).

④ What language is spoken in that country?

What language (　　　　) people (　　　　) in that country?

> **ガイド** S(主語) + V(動詞) + O(目的語) = S は O を〜する〈能動態〉
>
> O + be 動詞 + 過去分詞 + by S = O は S によって〜される〈受動態〉
>
> ※ by の後ろに代名詞を置くときは，目的格(him など)にする。
>
> ※「だれによって〜される[された]か」と言う必要がないときは，by 以下は省略される。

029 〉[受動態の現在形・過去形]

[　]内の動詞を適当な形にかえて，（　　）内に入れなさい。（1語とは限らない）

① 空には星は1つも見えない。[see]　　No star (　　　　　　) in the sky.

② すべての教室が生徒たちによって掃除される。[clean]

All the classrooms (　　　　　　) by the students.

③ この車はドイツで作られた。[make]

This car (　　　　　　) in Germany.

④ 私たちはそのパーティーに招待された。[invite]

We (　　　　　　) to the party.

> **ガイド** S is [am, are] + 過去分詞 = S は〜される〈現在〉
>
> S was [were] + 過去分詞 = S は〜された〈過去〉

語句 ③ Germany ドイツ　④ invite 〜を招待する

重要 | 030 〉 [受動態の否定文・疑問文]

(　　)内に適当な1語を入れて，英文を完成しなさい。

① そのカギは見つからなかった。

The key (　　　　) (　　　　) (　　　　).

② これらの本は今では売られていない。

These books (　　　　) (　　　　) now.

③ カナダでは英語が話されていますか。―はい。

(　　　　) English (　　　　) in Canada? ― Yes, (　　　　) (　　　　).

④ それらの手紙は送られましたか。―いいえ。

(　　　　) those letters (　　　　)? ― No, (　　　　) (　　　　).

⑤ この家はいつ建てられましたか。

When (　　　　) this house (　　　　)?

⑥ その科学者によって何が発明されましたか。

(　　　　) (　　　　) invented (　　　　) the scientist?

ガイド 〈受動態の否定文〉S + be 動詞 + <u>not</u> + 過去分詞～. = S は～されない。
〈受動態の疑問文〉(疑問詞 +) be 動詞 + S + 過去分詞～? = S は～されますか。

語句 ⑥ invent ～を発明する　scientist 科学者

031 〉 [SVOO の受動態]

次の文の受動態の文を2通り作りなさい。

① My uncle gave me the old computer.

_____

_____

② Mr. Ogawa teaches us English.

_____

_____

③ They sent the children a lot of toys.

_____

_____

ガイド SVOO の文型からは，2つの O のどちらかを主語にした2つの受動態ができる。
〈能動態〉S + V + <u>O(人)</u> + <u>O(物)</u>
〈受動態〉① <u>O(人)</u> + be 動詞 + 過去分詞 + O(物) (+ by S)
　　　　② <u>O(物)</u> + be 動詞 + 過去分詞 + to + O(人) (+ by S)
　　　　※②の to はなくてもよいが，入れることが多い。

032 〉[SVOC の受動態]

2つの文の表す内容がほぼ同じになるように，（　　）内に適当な1語を入れなさい。

① They elected Mika captain of the team.

　 Mika (　　　　) (　　　　　　) captain of the team.

② What do you call this cat?

　 What (　　　　　) this cat (　　　　　　)?

ガイド　SVOC の文型からは，O を主語にした受動態ができる。

　　　〈能動態〉S ＋ V ＋ O ＋ C　　　　〈受動態〉O ＋ be 動詞＋過去分詞＋ C（＋ by S）

重要　033 〉[by 以外の前置詞を使う受動態]

（　　　　）内から適当な語を1つ選び，記号を○で囲みなさい。

① コンサートホールは人々でいっぱいだった。

　 The concert hall was filled (ア in　イ to　ウ with) people.

② その歌手は若者に知られている。

　 The singer is known (ア by　イ to　ウ for) young people.

③ この家は木でできている。

　 This house is made (ア of　イ in　ウ by) wood.

ガイド　be interested in ～＝～に興味がある　　　　be surprised at ～＝～に驚く

　　　be filled with ～＝～でいっぱいだ　　　　be covered with ～＝～におおわれている

　　　be known to ～＝～に知られている　　　　be made of ～＝～でできている

---

034 〉[「～する，～した」と訳す受動態]

（　　　　）内の語を並べかえて，英文を完成しなさい。ただし，不要な語が1つ含まれています。

① 私は4月15日に生まれた。 I (April / on / birthday / was / 15 / born).

② 私はその試合を見て興奮した。 I (the / exciting / excited / game / at / was).

③ 彼はその事故で死んだ。 He (the / was / accident / die / killed / in).

ガイド　be surprised(驚く)，be excited(興奮する)，be moved(感動する)，

　　　be born(生まれる)，be killed(〈事故などで〉死ぬ)，be injured(けがをする)など

最 高 水 準 問 題

解答 別冊 p.6

035 （　　）内に入る適当な語句を下から１つ選び，記号を○で囲みなさい。

① All the tickets for the concert (　　　) out yesterday

　　ア were sold　　イ are selling　　ウ was sold　　エ was selling　　（山梨・駿台甲府高）

〔難〕② That story was so exciting! Who (　　　)?

　　ア was it written by　　　　　　イ written was it

　　ウ wrote it by　　　　　　　　　エ was written by it　　（大阪桐蔭高）

③ There were a lot of (　　　) fans in the ballpark.

　　ア excite　　　　イ exciting　　　ウ excited　　　エ excitement　　（千葉・成田高）

④ The baseball game I saw last night (　　　).

　　ア was exciting　　　　　　　　　イ excited

　　ウ was excited　　　　　　　　　エ to be excited　　（神奈川・日本大高）

〔難〕⑤ He (　　　) his classmates when he made a mistake.

　　ア was laughed at by　　　　　　イ was laughed at

　　ウ was laughed by　　　　　　　エ was laughing by　　（神奈川・日本大高）

〔難〕⑥ A: Do you know that cheese is made (　　　) milk?

　　B: Of course, I do.

　　ア from　　　　イ into　　　　ウ of　　　　エ for　　（高知学芸高）

036 ２つの文の表す内容がほぼ同じになるように，（　　）内に適当な１語を入れなさい。

① We must keep the windows open all the time.

　　The windows must (　　　　) (　　　　) open all the time.　　（愛知・滝高）

② Do you know Jack's birthday?

　　Do you know when Jack (　　　　) (　　　　)?　　（東京・実践学園高）

③ When was Ginkakuji temple built?

　　How (　　　　) (　　　　) Ginkakuji temple?　　（東京・実践学園高）

④ The news of the accident surprised us.

　　(　　　　) (　　　　) surprised (　　　　) the news of the accident.

　　（埼玉・大妻嵐山高）

⑤ What is the English name of this vegetable?

　　What is this vegetable (　　　　) (　　　　) English?　　（福岡・西南学院高）

解答の方針

035 ③ ballpark 野球場　⑤ laugh at ～ ～を笑う

036 ③ Ginkakuji temple 銀閣寺

037 3つの(　)内に共通する1語を入れなさい。

I (　　　　) my umbrella at my uncle's.

Turn (　　　　) at the first corner.

The window mustn't be (　　　　) open.　　　　　　　　　（千葉・昭和学院秀英高）

038 (　)内に適当な1語を入れて，英文を完成しなさい。文字が与えられているときは，その文字で始まる語を入れなさい。

① A: Were you invited by Ms. Brown, Ken?

B: Yes, (　　　　) (　　　　).　　　　　　　　　（広島・近畿大附福山高）

② 昨日このテーブルには白いクロスがかかっていました。

This table (　　　　) (　　　　) with a white cloth yesterday.　　　（福岡・西南学院高）

③ 冷蔵庫は食べ物でいっぱいだ。

The refrigerator (　　　　) (　　　　) (　　　　) food.　　　（東京工業大附科学技術高）

④ 私は野球チームのキャプテンに選ばれた。

I was (c　　　　) as captain of the baseball team.　　　（神奈川・法政大第二高改）

⑤ その博物館は火曜日が休館です。

The (　　　　) is (　　　　) on (　　　　).　　　　　　　　（國學院大栃木高）

⑥ 4月にはたくさんの鳥たちがその地域で見られます。

A lot of birds can (　　　　) (　　　　) in the area in April.　　　（大阪・開明高）

⑦ このEメールをすぐに送らなければなりません。

This e-mail should (　　　　) (　　　　) (　　　　) once.　　　（千葉・昭和学院秀英高）

🔴 ⑧ この絵はだれが描いたの？

Who was (　　　　) (　　　　) (　　　　) (　　　　)?　　　（鹿児島・ラ・サール高）

039 下線部が誤っているものを1つ選び，記号を○で囲みなさい。

① You will be ア more イ interesting in world history ウ after you エ hear the story from them.　　　　　　　　　　　　　　　　　　　　　（東京・中央大附高）

② My sister ア is very イ exciting right now ウ because she エ has just passed the test.　　　　　　　　　　　　　　　　　　　　　　　　　　（奈良・帝塚山高）

解答の方針

038 ⑥⑦ 助動詞の後ろに受動態を置くときは，〈助動詞＋be＋過去分詞〉の形になる。

⑧「この絵はだれによって描かれたのですか。」という意味の文を作る。

040 (　　　)内の語を並べかえて，英文を完成しなさい。⑥は空所に〔　　　〕内の語句を並べかえて入れなさい。

① How (people / to / party / be / the / many / will / invited) tomorrow?

（千葉・芝浦工大柏高）

_____

② 隣の教室には生徒は見当たりませんでした。

(no / the / seen / students / be / next / in / could) classroom.　　（東京・実践学園高）

_____

③ 私は1時間待たされた。

(was / kept / an / hour / for / waiting / I).　　（北海道・函館ラ・サール高）

_____

④ 何千もの人がその戦争で死にました。（1語不足）

(war / in / people / of / the / were / thousands).　　（大阪・帝塚山学院高）

_____

難 ⑤ あなたが私にくれたこの写真はどこで撮ったのですか。

(me / was / taken / picture / gave / where / this / you)?　　（東京・郁文館高）

_____

難 ⑥ この犬は，世話をしている子どもたちになんと呼ばれているのですか。（1語不要）

(　　　　) (　　　　) (　　　　) (　　　　) by (　　　　) (　　　　)

(　　　　) it?

〔 looking / the children / is / after / care / this dog / what / called 〕

（神奈川・桐蔭学園高）

_____

041 (　　　)内の指示に従って書きかえなさい。

Everyone knows the song.（The song で始まる受動態の文に）　　（兵庫・芦屋学園高）

_____

042 英語になおしなさい。

もし歴史に興味があるのなら，あなたはこの本を読んだほうがよい。　　（広島・近畿大附東広島高）

_____

解答の方針

040 ③〈keep + O + -ing〉O を～しているままにしておく

4 重要な文構造 / 感嘆文

重要 043 [基本文型]

各文が下のどの文型に当たるかを，記号で答えなさい。

① We study every day.　　　　　　　　　　　　　　　（　　　）

② I sometimes play tennis.　　　　　　　　　　　　　（　　　）

③ I gave him my dictionary.　　　　　　　　　　　　（　　　）

④ The bag looks heavy.　　　　　　　　　　　　　　（　　　）

⑤ We call the dog Shiro.　　　　　　　　　　　　　（　　　）

　　ア S + V　　　　　　　　　イ S + V + C　　　　　　ウ S + V + O

　　エ S + V + O + O　　　　　オ S + V + O + C

ガイド

	文型	その文型で使う動詞の例
※ S = 主語	SV(第1文型)	swim(泳ぐ)，walk(歩く)
V = 動詞	SVC(第2文型)	be 動詞，become(〜になる)
O = 目的語	SVO(第3文型)	get(〜を手に入れる)，have(〜を持っている)
C = 補語	SVOO(第4文型)	give(…に〜を与える)，teach(…に〜を教える)
	SVOC(第5文型)	call(…を〜と呼ぶ)，make(…を〜にする)

044 [SVC(第2文型)]

（　　　）内に入る適当な語句を1つ選び，記号を○で囲みなさい。

① 私は医者になりたい。

　I want to (ア get　イ come　ウ become) a doctor.

② 君は疲れているように見える。

　You (ア look　イ see　ウ watch) tired.

③ 信号が赤になった。

　The light turned (ア red　イ by red　ウ in red).

④ その話は本当らしく聞こえる。

　The story (ア hears　イ sounds　ウ listens) true.

ガイド　S + be 動詞 + C [名詞 / 形容詞] = S は C だ　　S + become + C [名詞 / 形容詞] = S は C になる
　　　　S + get/turn + C [形容詞] = S は C になる　　S + look + C [形容詞] = S は C に見える
　　　　S + feel + C [形容詞] = S は C に感じられる　S + sound + C [形容詞] = S は C に聞こえる

045 ⟩ [SVOO (第 4 文型)]

( ) 内の語を並べかえて，英文を完成しなさい。

① 私は彼女にこの指輪をあげるつもりです。 I'll (her / ring / this / give).

_____

② あなたの自転車を貸してください。 Please (bike / me / your / lend).

_____

③ 姉はときどき私に昼食を作ってくれる。

My sister (makes / lunch / sometimes / me).

_____

④ 駅へ行く道を教えてくれませんか。

Will (the / to / me / way / tell / you) the station?

_____

> ガイド S + V + O(人) + O(物) = (人)に(物)を〜する
> ※この形で使う動詞：ask(…に〜を尋ねる)，bring(…に〜を持ってくる)，buy(…に〜を買って
> やる)，cook(…に〜を料理してやる)，give(…に〜を与える)，lend(…に〜を貸す)，make(…
> に〜を作ってやる)，send(…に〜を送る)，show(…に〜を見せる)，teach(…に〜を教える)，
> tell(…に〜を伝える，教える)など

046 ⟩ [SVOO と SVO の書きかえ]

2 つの文の表す内容がほぼ同じになるように，( ) 内に適当な 1 語を入れなさい。

① I'll show you my album.

I'll show my album ( ) ( ).

② My father bought me a model plane.

My father bought a model plane ( ) ( ).

③ Ms. Suzuki teaches us history.

Ms. Suzuki teaches history ( ) ( ).

④ Who sent her the e-mail?

Who sent the e-mail ( ) ( )?

> ガイド SVOO の 2 つの O を入れかえると，〈物 + to [for] + 人〉の形になる。
> 〈to を使う動詞〉give, lend, send, show, teach, tell など
> 〈for を使う動詞〉buy, cook, make など
> ※相手がいなければ行えない動作を表す動詞(give など)は to を使い，1 人でもできる動作を表す
> 動詞(make など)は for を使う。
> ※〈to [for] + 人〉は修飾語と考えるので，できた文は SVO(第 3 文型)になる。

語句 ② model plane 模型飛行機

047 **[SVOC(第5文型)]**

( )内の語を並べかえて，英文を完成しなさい。ただし，不要な語が1つずつ含まれています。

① 彼らはその赤ん坊をアンと名づけた。

They (the / Ann / named / baby / was).

_____

② その知らせは私たちを悲しませました。 The (us / sad / were / made / news).

_____

③ その壁を白く塗りましょうか。

Shall (the / white / paint / is / we / wall)?

_____

> ガイド S + call + O + C［名詞］= O を C と呼ぶ
> S + name + O + C［名詞］= O を C と名づける
> S + elect + O + C［名詞］= O を C に選ぶ
> S + make + O + C［名詞/形容詞］= O を C にする
> S + find + O + C［名詞/形容詞］= O が C だとわかる
> S + keep + O + C［形容詞/名詞］= O を C に保つ
> S + paint + O + C［形容詞］= O を C に塗る

重要 048 **[感嘆文]**

( )内に How・What のどちらか適当な語を入れなさい。

① なんてかわいいんでしょう。

( ) cute!

② なんて美しい景色だろう。

( ) a beautiful scene!

③ 彼女はなんと流ちょうに英語を話すのだろう。

( ) fluently she speaks English!

④ あの鳥はなんと大きいのだろう。

( ) big that bird is!

⑤ あれはなんと大きな鳥だろう。

( ) a big bird that is!

> ガイド How +形容詞［副詞］(+ S + V)! =(S は)なんと～だろう。
> What(+ a [an]) +形容詞+名詞(+ S + V)! =(S は)なんと…な～だろう。
> ※後ろ(S の前)に名詞があるときは what を使い，名詞がなければ how を使う。

語句 ② scene 景色 ③ fluently 流ちょうに

最 高 水 準 問 題 ——————————————————— 解答 別冊 p.8

049 （　　）内に入る適当な語句を下から１つ選び，記号を○で囲みなさい。

① Won't you give this book (　　) me?

　ア for　　　イ with　　　ウ by　　　エ to　　　　（岡山白陵高）

② My father bought (　　) a new bike.

　ア for me　　イ to me　　ウ me to　　エ me　　　（京都・立命館高）

③ (　　) brought you to Japan?

　ア How　　　イ Why　　　ウ What　　　エ Where　　（佐賀・東明館高）

④ Can you (　　) me your dictionary? I left mine at home today.

　ア borrow　　イ lend　　　ウ break　　　エ lose　（茨城・東洋大附牛久高）

⑤ Don't watch television (　　).

　ア so little　イ too long　ウ so large　エ too many　（栃木・佐野日本大高）

難 ⑥ This book sells (　　) because it is very interesting.

　ア good　　　イ well　　　ウ many　　　エ much　（國學院大栃木高）

050 ２つの文の表す内容がほぼ同じになるように，（　　）内に適当な１語を入れなさい。

① My husband is a very good (　　　　).

　My husband cooks very (　　　　).　　　　　（福岡・西南学院高）

② Mr. Smith is our teacher of Chinese.

　Mr. Smith (　　　) (　　　) Chinese.　　　（東京・実践学園高）

③ What made him busy yesterday?

　(　　　) was (　　　) busy yesterday?　　　（高知学芸高）

④ What is the name of that mountain?

　What do you (　　　) that mountain?　　　（東京・実践学園高）

⑤ How old your clock is!

　(　　　) (　　　) old clock you have!　　　（佐賀・東明館高）

難 ⑥ I paid 20,000 yen for the picture.

　The picture (　　　) me 20,000 yen.　　　（東京・城北高）

解答の方針

049 ③（　　）に入る語が主語。「あなたを日本へ連れてきた」の主語になるものを考える。
　　⑤ television までで文が完成している。
050 ⑥ paid は pay（支払う）の過去形。（　　）には「～のお金がかかる」という意味の動詞が入る。

051 （　）内の語句を並べかえて，英文を完成しなさい。

① かわいい女の子を連れた男の子が，ベンチでうれしそうにしていた。

(seemed / with / cute / a / boy / a / girl / the bench / happy / on).

（佐賀・東明館高）

_____

② 私は若いとき，その本を読んでおもしろいと思いました。

I (the / was / when / interesting / book / young / I / found).　　（高知・土佐塾高）

_____

③ この本を読めば，南アフリカのことが少しはわかるだろう。

(you / South Africa / information / give / this book / will / a little / about).

（千葉・専修大松戸高）

_____

④ だれがあなたのお姉さんにそのバッグをあげたのですか。（1語不要）

(the bag / did / who / gave / your / to / sister)?　　（埼玉・大妻嵐山高）

_____

⑤ アキラはなんて英語がうまいんだろう。（1語不要）

(of / what / English / a / good / speaker / Akira / how) is!　　（茨城・常総学院高）

_____

⑥ (sounds / like / my story / very much) yours.　　（大阪・早稲田摂陵高）

_____

⑦ A: Whose pencil case is this?

　 B: It's mine.　My grandmother (for / gave / me / my / this / of) birthday present. （1語不要）　　（東京・東海大付高輪台高）

_____

難 ⑧ A: I went to Okinawa with my brother.　It was wonderful.　He took a lot of pictures there.

　 B: Really?　(taken / you / took / show / tell / me / the pictures / could / he) in Okinawa? （2語不要）　　（神奈川・湘南高改）

_____

難 **052** 指示に従って書きかえなさい。

I feel happy when I listen to music. （Music で始まる文に）　　（高知・土佐高）

_____

（解答の方針）

051 ② 〈find + O + C〉O が C だとわかる　⑥ sound は「～に聞こえる」という意味の動詞。

053 （　）に〔　〕内の語を並べかえて入れ，英文を完成しなさい。

彼が書いた本を読んで，私はその国についていくらかわかりました。（1語不要）

The （　　　） （　　　） （　　　） （　　　） gave （　　　）
（　　　） （　　　） of the country.

〔 idea / by / to / written / book / me / him / some 〕　　　（神奈川・桐蔭学園高）

---

054 （　）内に適当な1語を入れて，英文を完成しなさい。

① 手はいつも清潔にしておかなければいけません。

You must always （　　　　） your hands （　　　　）.　　　（茨城・清真学園高）

② 彼にノートを見せてあげるなんて，彼女はなんて親切なんだろう。

（　　　） （　　　　） she is to show him her notebook!　　　（茨城・清真学園高）

---

055 次の日本文を英語になおしたとき，下線部が誤っているものを1つ選び，記号を○で囲みなさい。

来週の日曜日にトムは15歳になります。メアリーがあげるプレゼントを，彼は喜ぶでしょう。なぜならそれは，彼女が彼だけに作ったものだからです。

ァTom will be fifteen years old next Sunday.　The present ィMary is going ゥto give him will ェmake his happy, ォbecause it was ヵmade by her only for him.

（神奈川・柏陽高）

---

056 英語になおしなさい。

① 彼の兄はなんて上手に英語を話すのだろう。　　　（北海道・函館ラ・サール高）

___

② ぼくの祖父は70歳を超えていますが，とても若く見えます。　　　（高知学芸高）

___

③ アメリカへのその旅は，私たちにアメリカの人々や文化について知る機会を与えてくれました。

（高知学芸高）

___

___

解答の方針

056 ③ 〈a chance ＋不定詞〉～する（ための）機会

1 （　）内に入る適当な語句の記号を○で囲みなさい。　　　　　（各2点，計14点）

① If he calls and asks me to go on a date tonight, I (　　　) out with him!

　ア will go　　　　　　　　　　イ go

　ウ went　　　　　　　　　　エ have been going　　　　（東京・中央大杉並高）

② A: Would you like something to drink?

　B: Yes, (　　　).

　ア please　　　　　　　　　　イ I really did

　ウ I'm sorry　　　　　　　　エ it is　　　　　　　　（神奈川・平塚江南高）

③ A: We are having a party next Sunday. Will you join us?

　B: Wow!　That sounds (　　　).

　ア nice　　　　イ well　　　　ウ happily　　　　エ interested　（東京・日本大第二高）

④ You ate so much, so you (　　　) be hungry.

　ア cannot　　　イ must not　　ウ can　　　　エ must　　（東京・明治大付中野高）

⑤ Can the North Star (　　　) seen all year?

　ア is　　　　　イ was　　　　ウ be　　　　　エ been　　（栃木・佐野日本大高改）

⑥ He put on his pajamas and (　　　) on the bed.

　ア lay　　　　イ laid　　　　ウ lie　　　　　エ lain　　（智弁学園和歌山高）

⑦ My dog was (　　　) a next-door neighbor while I was out.

　ア taken care　　　　　　　　イ taken care of

　ウ taken care by　　　　　　エ taken care of by　　　　（東京・中央大杉並高）

2 2つの文の表す内容がほぼ同じになるように，（　）内に適当な語を入れなさい。
　　　　　　　　　　　　　　　　　　　　　　　　　　　　　　（各3点，計12点）

① He got the highest score of all the students in the exam.

　He got a (　　　　) score than any (　　　　) student in the exam. （東京・桜美林高）

② That question is easier than this one.

　This question is not (　　　　) (　　　　) (　　　　) that one. 　（千葉日本大第一高）

③ Why was he absent from school yesterday?

　(　　　　) made (　　　　) absent from school yesterday?　　（東京・早稲田実業高）

④ Lake Biwa is larger than any other lake in Japan.

　(　　　　) (　　　　) lake in Japan is larger than Lake Biwa.　（東京・中央大杉並高）

3 ①の(　　)内には適当な語を入れて英文を完成しなさい。②の(　　)内には2つの文に共通する1語を入れなさい。 (各3点, 計6点)

① 彼の名前は私たちによく知られています。

His name is well (　　　　) (　　　　) us. 〔京都女子高〕

② (　　　　) of the books on the desk are my brother's.

Give me the (　　　　) exciting DVD you have. 〔東京・中央大附高〕

4 (　　)内の語句を並べかえて, 英文を完成しなさい。 (各4点, 計20点)

① (the salt / you / me / pass / would), please? 〔福島・日本大東北高〕

_____

② 手は清潔にしておきなさい。(1語句不要)

(wash with / must / clean / your / you / keep / hands). 〔千葉・日本大習志野高〕

_____

③ 私は, 彼にできるだけ早くレポートを書き終えてもらいたい。(1語句不要)

I (him / soon / writing / to　write / as / to / as / want / the　report / finish)

possible. 〔東京・中央大杉並高〕

_____

④ A: Mary is very interested in Japanese culture.

B: Yes, (many / asks / about / me / questions / she) Japan. 〔栃木・作新学院高〕

⑤ A: I love reading. I have read over 50 books this year. How about you?

B: Well, that's a lot but (books / twice / you / read / about / many / have / I / as). (1語不足) 〔東京・豊島岡女子学園高改〕

_____

5 次の会話が自然な流れになるように, 下線部に7語以上の英文を書きなさい。 (6点)

A: Hello.　This is David.　Can I speak to Mr. Brown, please?

B: I'm sorry, but he is out now.

A: _____

B: Yes.　Let me check his schedule.　Well, he'll be back around five.

〔愛知・滝高〕

6 次の英文を読んで，下の問いに答えなさい。(東京・日本大豊山高國) (①②③各4点，④各3点，計18点)

Birds were flying in the sky. People wanted to fly like them. They thought and thought about (A) to fly. They tried to fly again and again. At last someone made a plane.

Birds fly with their wings. The air *lifts them. People learned this from studying birds. Planes have wings, too. But they need one more thing to fly. When someone put a propeller on a plane, (B)it could fly. Now we also have jet planes, and people can fly very fast.

Going to the moon was a dream, too. But people could not get there, because jet planes cannot fly without air. After a long time, someone made a rocket to fly without air.

How do rockets fly? If you want to know, get a balloon first. Put air into the balloon. When it becomes very big, *let go of it. The air in the balloon will come out and the balloon will fly off quickly. In the same way, when a lot of gas comes out of a rocket, the rocket goes up into the sky. Rockets have already reached the moon.

People still want to visit the stars. Some day rockets may carry them to the stars and people (C)〔 out / new / will / something / find 〕.

(注) lift ～を持ち上げる　let go of～ ～を手放す

① (A)に入る適当な1語を答えなさい。

(　　　　　　)

② 下線部(B)は何を指していますか。適当なものを下から1つ選び，記号を○で囲みなさい。

　ア a plane　　イ a propeller　　ウ someone　　エ people

③ 下線部(C)の〔　　　　〕内の語を，意味が通るよう正しく並べかえなさい。

_____

④ 鳥やジェット機が空を飛ぶために必要な2つのものを，日本語で答えなさい。

(　　　　　　　　　)と(　　　　　　　　　)

7 次の英文を読んで，下の問いの答えを文中から2～4語で抜き出しなさい。

（東京・明治学院東村山高[改]）（各6点，計24点）

Did you ever wonder how the Internet got started? The United States *government *came up with the idea. In the 1960s, the government wanted to *connect some of its computers together. That way, the computers could share information.

People spent several years working on the *project. Finally, in 1969, four computers were connected. Telephone lines *linked them together. Three computers were in Califoria. They were in different cities. The fourth computer was far away in Utah. People sent information from computer to computer. People were able to share information. This was the beginning of the Internet.

Many more computers were linked to the Internet. Scientists joined in. So did colleges and businesses. The Internet was growing.

Still, home computers weren't part of the Internet yet. That's because the Internet was hard to use. People had to type in *complicated *codes. Also, the codes weren't the same for all computers.

In 1991, the World Wide Web was created. It helped make the Internet easier to use. But people still had to know some codes.

In 1992, a new computer program was invented. People no longer had to know codes to use the World Wide Web. The new program let people click on words and pictures. Then almost anyone could use the Internet.

　（注）government 政府　　come up with ～ ～を思いつく　　connect 結びつける
　　　project 事業　　link ～を接続する　　complicated 複雑な　　code 記号

① Who wanted to start the Internet?
② What linked the four computers together?
③ After the four computers were connected, who joined the Internet other than scientists?
④ What made the Internet difficult to use before 1992?

　　① _____　② _____

　　③ _____　④ _____

5 現在完了(1) ― 継続

重要 057 〉[現在完了の形]

[　　　]内の動詞を使って(　　　)内に適当な1語を入れ，英文を完成しなさい。

① 私たちは4月からこの町に住んでいる。[live]

We (　　　　) (　　　　) in this town since April.

② 私たちはお互いを子どものころからずっと知っている。[know]

We (　　　　) (　　　　) each other since we were children.

③ そのアメリカ人の先生は2年間私たちの学校で教えている。[teach]

The American teacher (　　　　) (　　　　) at our school for two years.

④ 私たちは今週ずっと忙しくしている。[be]

We (　　　　) (　　　　) busy this week.

> **ガイド** S + have [has] +過去分詞 + since ... ＝ S は…以来(今まで)ずっと〜している
> S + have [has] +過去分詞 + for ... ＝ S は…の間(今まで)ずっと〜している
> ※ since の後ろには〈過去のある時点〉，for の後ろには〈期間の長さ〉を置く。

語句 ② each other お互い

058 〉[現在完了[継続を表す]と過去形]

(　　　　)内から適当な語句を1つ選び，記号を○で囲みなさい。

① They (ア moved　イ have moved) here in 2005.

② They (ア live　イ have lived) here since 2005.

③ I (ア saw　イ have seen) her for the first time five years ago.

④ I (ア am　イ have been) friends with her for five years.

⑤ She (ア was　イ has been) sick in bed yesterday.

⑥ She (ア is　イ has been) sick in bed since yesterday.

⑦ She (ア was sleeping　イ has slept) when I called her.

> **ガイド** 過去形 → 過去のある時点での動作や状態を表す。
> 現在完了 → 「過去から現在までずっと」という継続の意味を表す。

語句 ① move 引っ越す　③ for the first time 初めて　④ be friends with〜 〜と友だちである
⑤ sick in bed 病気で寝ている

重要 059 [現在完了の否定文]

（　　　）内の語句を並べかえて英文を完成し，完成した文を日本語になおしなさい。

① I (visited / since / my uncle / not / have) 2008.

（英文）＿＿＿＿＿＿＿＿＿＿＿＿＿＿＿＿＿＿

（訳）＿＿＿＿＿＿＿＿＿＿＿＿＿＿＿＿＿＿

② I (my room / not / two / for / cleaned / have) weeks.

（英文）＿＿＿＿＿＿＿＿＿＿＿＿＿＿＿＿＿＿

（訳）＿＿＿＿＿＿＿＿＿＿＿＿＿＿＿＿＿＿

③ She (at / been / not / home / has) all this morning.

（英文）＿＿＿＿＿＿＿＿＿＿＿＿＿＿＿＿＿＿

（訳）＿＿＿＿＿＿＿＿＿＿＿＿＿＿＿＿＿＿

> **ガイド** S + have [has] not + 過去分詞 =（今まで）ずっと～していない
> ※短縮形：have not → haven't，has not → hasn't

語句 ③ be at home 家にいる　all this morning 今日の午前中ずっと

060 [現在完了の疑問文と答え方]

（　　　）内に適当な1語を入れて，英文を完成しなさい。

① 「あなたは今朝からずっと忙しいのですか。」「はい，そうです。」

"(　　　) you (　　　) busy since this morning?"

"Yes, (　　　) (　　　)."

② 「彼女は月曜日から入院しているのですか。」「はい，そうです。」

"(　　　) she (　　　) in the hospital since Monday?"

"Yes, she (　　　)."

③ 「彼は今まで3時間ずっと図書館にいたのですか。」「いいえ，そうではありません。」

(　　　) he (　　　) in the library for three hours?"

"No, he (　　　)."

④ 「彼女とはどのくらいの間友だちなのですか。」「2年前からです。」

"How (　　　) (　　　) you been friends with her?"

"(　　　) two years."

> **ガイド** Have [Has] + S + 過去分詞～? = S は（今まで）ずっと～していますか。
> ― Yes, S have [has]. （はい。）/ No, S haven't [hasn't]. （いいえ。）
> How long have [has] + S + 過去分詞～? = S は（今まで）どのくらい～していますか。

語句 ② be in the hospital 入院している

最高水準問題 ————————————————— 解答 別冊 p.12

061 ( )内に入る適当な語句を下から1つ選び，記号を○で囲みなさい。

① I don't have ( ) a computer to write my science report.

　　ア use 　　　　イ to use 　　　ウ using 　　エ used 　　　　(東京・駒澤大高)

② My brother ( ) in Korea for a week.

　　ア has been 　　イ will come 　　ウ went 　　　エ leaves 　　　　(秋田県)

③ A: How ( ) has it been since he left for America?

　　B: Two months.

　　ア long 　　　　イ soon 　　　　ウ far 　　　エ often 　　　　(高知学芸高)

難 ④ My father has been ( ) for five years.

　　ア die 　　　　イ dead 　　　　ウ died 　　　エ dying 　　　　(埼玉・聖望学園高)

062 2つの文の表す内容がほぼ同じになるように，( )内に適当な1語を入れなさい。

① I haven't got an e-mail from her for a long time.

　She hasn't ( ) ( ) an e-mail for a long time. 　　　(京都・洛南高)

② My sister became a Japanese teacher in Australia five years ago and she still

　teaches Japanese there.

　My sister ( ) ( ) a Japanese teacher in Australia for five years.

　　　　　　　　　　　　　　　　　　　　　　　　　　　　　　　　(神奈川・柏陽高改)

③ Seven years have passed since I last met her.

　I ( ) ( ) her for seven years. 　　　　　　　　　(奈良・帝塚山高)

④ We have been married for five years.

　It is five years ( ) we got married. 　　　　　　　(福岡・東福岡高)

063 [ ]内の動詞を適当な形にかえて，( )内に書きなさい。(1語とは限らない)

Kyoto is one of the cities that I ( ) to visit since I came to Japan.

[want] 　　　　　　　　　　　　　　　　　　　　　　　　　　　　(高知学芸高)

解答の方針

061 ③ leave for 〜　〜へ向けて出発する　④「父が死んで5年になる」＝「父は5年間死んだ状態だ」

064 (）内の語句を並べかえて，英文を完成しなさい。

① あなたが日本に来てどのくらいたちますか。（1語不要）

How long (you / have / were / been / in) Japan?　　　　　　（神奈川県）

_____

② 久しぶりですね。

(a / I / seen / for / you / haven't / time / long).　　　　　（広島・近畿大附福山高）

_____

③ 緑茶は，9世紀から日本人の間で最も人気のある飲み物の1つである。

Green tea (been / among / of / popular / has / the / drinks / one / most) the

Japanese since the 9th century.　　　　　　　　　　　　（東京・明治大付中野高）

_____

難 ④ 2か月以上もほとんど雨が降っていません。（1語不要）

(for / less / than / little / two months / had / more / we / rain / have).

（東京・駒澤大高）

_____

065 ①は下線部が誤っているものを1つ選び，記号を○で囲みなさい。②は誤った1語を○で囲み，
正しい1語を（ ）内に書きなさい。

① We ｱhave ｲlittle rain ｳhere these ｴtwo months.　　　　　（千葉・昭和学院秀英高）

② My mother has been sick for yesterday morning. (　　　　　)　　　（京都・立命館高）

066 英語になおしなさい。②③は（ ）内の指示に従いなさい。

① 私は去年からずっと中国映画に興味を持っているの。　　　　　　（京都・立命館高）

_____

② マイクは去年日本の文化を学ぶために来日し，<u>僕たちはそのときからの友人です。</u>

（下線部を We で始めて）　　　　　　　　　　　　　　　（大阪星光学院高改）

_____

難 ③ ジムと私は10年来の知り合いです。（Jim and I で始めて10語で）　　（千葉・昭和学院秀英高）

_____

解答の方針
_____

064 ② 主語は I。　④ 主語は we。「～以上，～より多く」は more than ～。

066 ③「知り合い」＝「お互いを知っている」

6 現在完了(2) ― 経験

重要 067 [「経験」を表す現在完了]

[　]内の動詞を使って(　)内に適当な1語を入れ, 英文を完成しなさい。

① 私はジムのお父さんと話をしたことがある。 [talk]

I (　　　　) (　　　　) with Jim's father.

② 私は以前にこの本を読んだことがある。 [read]

I (　　　　) (　　　　) this book (　　　　).

③ 彼はその美術館を1度訪ねたことがある。 [visit]

He (　　　　) (　　　　) the museum (　　　　).

④ 私はその映画を3回見たことがある。 [see]

I (　　　　) (　　　　) the movie three (　　　　).

> ガイド S + have [has] +過去分詞〜 = S は(今までに)〜したことがある
> ※〈経験〉を表す現在完了とともに使う語句:once(かつて, 1度), twice(2度), three times(3
> 度), many times(何度も), before(以前に), often(しばしば)

語句 ① talk with 〜 〜と話をする ② before 以前に

重要 068 [have been to など]

日本語になおしなさい。

① My father has been to Korea twice.

―――――――――――――――――――――――――――――

② I've been to the movie theater many times.

―――――――――――――――――――――――――――――

③ We have been in Hokkaido before.

―――――――――――――――――――――――――――――

> ガイド S + have [has] been to 〜 = S は〜へ行ったことがある
> ※ have gone to 〜とは言わない。(→ p.43)
> S + have [has] been in 〜 = S は〜にいた[住んだ]ことがある

語句 ① Korea 韓国 ② movie theater 映画館

069 〉[「経験」を表す現在完了の否定文]

（　　）内に適当な1語を入れ，英文を完成しなさい。

① 祖父は今までにパソコンを使ったことがない。

My grandfather (　　　　) (　　　　) used a computer.

② 私はこんなにおもしろい小説を読んだことがない。

I have (　　　　) (　　　　) such an interesting novel.

③ 私の小さな妹はトマトを食べたことがない。

My little sister (　　　　) (　　　　) (　　　　) tomatoes.

④ その山に登った人は今までに1人もいない。

No one (　　　　) ever climbed the mountain.

⑤ 私の町では今までに一度も雪が降ったことがない。

(　　　　) (　　　　) (　　　　) snowed in my town.

> **ガイド** S + have [has] never + 過去分詞～ = S は（今までに）1度も～したことがない
> S + have [has] never been to ～ = S は（今までに）1度も～へ行ったことがない

> **語句** ① grandfather 祖父　② novel 小説　③ tomato トマト　④ climb ～　～を登る
> ⑤ snow 雪が降る

070 〉[「経験」を表す現在完了の疑問文]

日本文の英訳を完成しなさい。

① あなたは今までに英語の物語を読んだことがありますか。

＿＿＿＿＿＿＿＿＿＿＿＿＿＿＿＿＿＿＿＿＿＿＿ an English story?

② あなたは今までにオーストラリアへ行ったことがありますか。

＿＿＿＿＿＿＿＿＿＿＿＿＿＿＿＿＿＿＿＿＿ to Australia?

③ あなたたちはこの動物のことを聞いたことがありますか。

＿＿＿＿＿＿＿＿＿＿＿＿＿＿＿＿＿＿＿＿＿ of this animal?

④ あなたのお姉さんは以前この店で働いたことがありますか。

＿＿＿＿＿＿＿＿＿＿＿＿＿＿＿＿＿＿＿＿＿ at this shop before?

⑤ あなたは今までに何回外国へ行ったことがありますか。

How ＿＿＿＿＿＿＿＿＿＿＿＿＿＿＿＿＿＿＿ to foreign countries?

> **ガイド** Have [Has] + S + (ever +) 過去分詞～？ = S は（今までに）～したことがありますか。
> How often [How many times] have [has] + S + 過去分詞～？
> = S は（今までに）何回～したことがありますか。

> **語句** ③ hear of ～　～のことを（うわさで）聞く　⑤ foreign 外国の

最高水準問題 ———————————————————— 解答 別冊 p.13

071 （　）内に入る適当な語句を下から１つ選び，記号を○で囲みなさい。

① He (　　　) New Zealand.　But he is going to go there in the future.

　　ア has never been to　　　　　イ has gone to

　　ウ hasn't come to　　　　　　エ will go to　　　　　　　（千葉・東海大付浦安高）

② A: Have you ever seen an American movie at the movie theater?

　　B: Yes, but just (　　　　).

　　ア ever　　　　　イ never　　　　ウ once　　　　　エ before

③ I have visited the zoo (　　　) times with my family.

　　ア one　　　　　イ much　　　　　ウ several　　　　エ long

072 ２つの文の表す内容がほぼ同じになるように，（　）内に適当な１語を入れなさい。

① This is my (　　　　　) time to travel abroad.

　　I have never traveled to (　　　　) countries before this trip.　　（福岡・西南学院高）

② This is the biggest fish that I have ever caught.

　　I have (　　　　　) caught (　　　　) a big fish.　　　　（千葉日本大第一高）

③ I don't know that woman.

　　I have (　　　　) (　　　　　) that woman before.

073 （　　）内に適当な１語を入れて，英文を完成しなさい。文字が与えられているときは，その文字で始まる語を入れなさい。

① A: Have you ever been to Australia?

　　B: Yes, I have.　I (　　　　) there last year.　　　　　　（高知学芸高）

② A: Have you ever (h　　　　) of solar energy?

　　B: Yes, I know what it is.　It's energy from the sun.　　　（国立工業高専）

③ A: Have you ever traveled to America?

　　B: No, I (　　　　　).　I've (　　　　) been to America.

解答の方針

071 ① in the future 将来(は)　③ times が複数形である点に注意。

072 ① travel abroad 外国を旅行する

073 ② solar energy 太陽エネルギー

074 ( )内の語句を並べかえて，英文を完成しなさい。

① あなたは沖縄へ行ったことはありますか。（1語不足）

(you / Okinawa / been / to)? （東京都立産業技術高専）

___

② A: I have brought something back from China for you. Here you are.

B: Thank you. You go to China very often. (been / have / how / for / many / often / there / times / you)?（2語不要）

A: I don't know, but I go there every month. （神奈川・湘南高）

___

③ こんなに難しいテストを受けるのは初めてです。

I (difficult / never / a / have / test / taken / such).

___

④ 中国へ行くのはこれが2回目です。

This (the second / I / been / time / China / have / to / is).

___

⑤ 私は前に3回この本を読んだことがあります。（1語句不要）

I (before / read / times / have / ever / this book / three).

___

075 英語になおしなさい。

① 今までに何回，海外へ行ったことがありますか。 （高知・土佐高）

___

② あなたのお父さんは今までに私たちの学校へ来たことがありますか。

___

③ 姉は10時よりあとに帰宅したことは1度もありません。

___

④ こんなにわくわくする映画は今までに見たことがない。

___

解答の方針

074 ④「中国へ行ったことのある2回目」と考える。

075 ③「～よりあとに」は after ～。 ④「わくわくする」は exciting。

7 現在完了⑶ — 完了・結果

標 準 問 題 ──────────────────────────── 解答 別冊 p.14

重要 **076** [「完了・結果」を表す現在完了]

（　　）内に適当な語を入れて，英文を完成しなさい。

① 私はたった今宿題を終えたところです。

　　I (　　　　　) just (　　　　　) my homework.

② 私たちは昼食をすでに食べました。

　　We (　　　　　) already (　　　　　) lunch.

③ 春が来た。

　　Spring (　　　　　) (　　　　　).

④ 私はたった今そのニュースを聞いたところです。

　　I've (　　　　　) (　　　　　) the news.

⑤ 私たちのバスはもう出てしまった。

　　Our bus (　　　　) (　　　　　) (　　　　　).

⑥ さいふをなくしてしまったので，今はお金を全く持っていない。

　　(　　　　　) (　　　　　) my purse, so I have no money now.

> ガイド S + have [has] just +過去分詞～= S はたった今～したところだ
> S + have [has] already +過去分詞～= S はすでに～し(終え)ている

語句 ⑥ purse さいふ

077 [「完了・結果」を表す現在完了の否定文]

日本語になおしなさい。

① I have not called him yet.

　_____

② My father has not come home yet.

　_____

③ I haven't decided yet.

　_____

④ I haven't returned the book to the library yet.

　_____

078 [「完了・結果」を表す現在完了の疑問文]

( )内に適当な1語を入れて，各文の疑問文を完成しなさい。

① She has done her homework.

　　→ (　　　　) she (　　　　) her homework?

② They have arrived at the hotel.

　　→ (　　　　) they (　　　　) at the hotel?

③ The plant has grown very tall.

　　→ (　　　　) the plant (　　　　) very tall?

④ You have already mailed the letter.

　　→ (　　　) (　　　) (　　　　) the letter yet?

⑤ They have already changed their plan.

　　→ (　　　　) they (　　　　) their plan (　　　)?

> **ガイド** Have [Has] + S + 過去分詞～ (yet)? = S はもう～しましたか。
> 　　　※「もう，すでに」は，肯定文中では already，疑問文中では yet で表す。

語句 ② arrive at ～ ～に到着する　hotel ホテル　③ plant 植物，草木　grown grow(成長する) の過去分詞　④ mail ～を郵送する，ポストに入れる

重要 079 [have gone to / have been to]

( )内から適当な語を1つ選び，記号を○で囲みなさい。

① 彼女は音楽を勉強するためにドイツへ行ってしまった。

　　She has (ア been　イ gone) to Germany to study music.

② 私は空港に行ってきたところです。

　　I've (ア been　イ gone) to the airport.

③ あなたはその町へ行ったことがありますか。

　　Have you ever (ア been　イ gone) to the town?

④ 私の母は大阪へ行ったことが1度もない。

　　My mother has never (ア been　イ gone) to Osaka.

> **ガイド** have [has] gone to ～ = ～へ行ってしまった[今ここにはいない]〈結果〉
> 　　　have [has] been to ～ = ～へ行ったことがある〈経験〉
> 　　　　　　　　　　　　　　～へ行ってきたところだ〈完了〉

語句 ② airport 空港

重要 080 〉[現在完了の用法の区別]

2つの文の表す内容がほぼ同じになるように，（　　）内に適当な1語を入れなさい。

① I finished this work at ten. It is ten three now.

  I (　　　　) (　　　　　) finished this work.

② The singer became popular, and she is still popular now.

  The singer (　　　　) (　　　　　) popular.

③ This is my first visit to this museum.

  I have (　　　　) (　　　　　) this museum before.

④ My uncle has been dead for three years.

  Three years (　　　　) passed (　　　　　) my uncle died.

ガイド (1) 現在完了の用法を区別するには，それぞれの用法でよく使われる次のような副詞(句)に着目するとよい。

継続	since(〜以来)，for(〜の間)，how long(どのくらいの間)
経験	before(以前)，ever(今までに)，never(1度も〜ない)
完了・結果	just(たった今)，already(すでに)，yet(まだ，もう)

(2) 「Sが死んでから10年になる。」の表し方

　Ten years have passed since S died. ※ pass＝過ぎる，経過する

　It is [has been] ten years since S died.

 ※ It is [has been] ... since 〜. ＝〜以来…になる。

語句 ② popular 人気がある　still 今でもなお

---

081 〉[現在完了とともに使わない語句]

(　　　　)内から適当な語句を1つ選び，記号を○で囲みなさい。

① She (ア works　イ has worked) here for three months.

② I (ア lived　イ have lived) in Nagano when I was a child.

③ The bus (ア left　イ has left) just now.

④ When (ア did you finish　イ have you finished) the work?

ガイド 〈過去の1点〉を表す語句があるときは，現在完了ではなく過去形を使う。

・過去形を使う語句：yesterday(昨日)，last night(ゆうべ)，a week ago(1週間前)，when I was a child(私が子どものころに)，when(いつ)，just now(たった今)など

・現在完了を使う語句：since yesterday(昨日から(今までずっと))，since I was a child(私が子どものころから(今までずっと))など

語句 ① month 月

最 高 水 準 問 題

解答 別冊 p.15

082 （　　）内に適当な語句を１つ選び，記号を○で囲みなさい。

① A: (　　　) your dog found?

B: No. I haven't found it yet.

ア Does　　　イ Has　　　ウ Was　　　エ Did　　　(東京農業大第一高改)

② A: How long have you been here in Japan?

B: I came here (　　　).

ア a month ago　　　　　　イ for a month

ウ in a month　　　　　　エ since last month　　　(東京・国際高)

③ I (　　　) English very hard when I was a high school student.

ア study　　　　　　　　イ studied

ウ have studied　　　　　エ have been studying　　　(東京・中央大杉並高)

④ A: Would you like some more orange juice?

B: No, thank you. (　　　)

ア I need it now.　　　　　イ I have already drunk a lot.

ウ I'd like to drink more.　エ I want to get some more　　　(福岡県)

⑤ A: Have you finished your math homework?

B: (　　　) But soon I'll finish it.

ア Yes, of course.　　　　イ No, thank you.

ウ Yes, I have.　　　　　エ No, not yet.　　　(広島・崇徳高)

083 ２つの文の表す内容がほぼ同じになるように，（　　）内に適当な１語を入れなさい。

① He lost his room key and doesn't have it now.

He (　　　) (　　　) his room key.　　　(東京・早稲田実業高)

② I just came back from the post office.

I (　　　) (　　　) (　　　) to the post office.　　　(大阪・四天王寺高)

③ Kyoko went to America, and she is still there.

Kyoko (　　　) (　　　) to America.　　　(千葉日本大第一高)

解答の方針

082 ② 過去形(came)とともに使う語句はどれかを考える。

083 ②「たった今郵便局へ行ってきたところだ。」

084 ( )内の語を並べかえて，英文を完成しなさい。

① (the / has / yet / brother / your / bathroom / cleaned)? （広島・比治山女子高）

_____

② 割れた窓を見た？（1語不要）

(breaking / seen / the / window / broken / you / have)? （東京・共立女子第二高）

_____

③ 君はなんと大きな間違いをしたことか。

What (a / big / have / made / mistake / you)! （埼玉・城西大付川越高）

_____

難 ④ Once people believed that animals cannot communicate with each other. But (shown / scientists / that / is / have / this) not true. They say that all animals can communicate with each other. （国立工業高専）

_____

085 指示された語数を下線部に補って，英文を完成しなさい。なお，I'm のような短縮形は1語と考えます。

① 教室の掃除はもう終わりました。（3語）

We _____ the classroom.

難 ② 頭痛は治りました。（2語）

My headache _____ .

③ 母はまだ家に帰っていません。（4語）

My mother _____ .

④ タイ料理を食べたことがありますか。（4語）

_____ Thai food?

⑤ そのソフトは使ったことがありません。（3語）

_____ the software.

⑥ 彼女にはそれ以来会っていません。（4語）

I _____ then.

⑦ 彼が死んでから10年になります。（4語）

It _____ he died.

⎛解答の方針⎞

084 ④ this は「このこと」で，前の文の内容を指す。

085 ②「去ってしまった」と考える。

086 指示に従って書きかえなさい。

① Eri's sister has already left for America. (疑問文に)

_____

② I have visited the zoo three times. (下線部が答えの中心となる疑問文に)

_____

③ It is three years since we moved to this town. (lived を使ってほぼ同じ内容の文に)

_____

087 下線部が誤っているものを１つ選び，記号を○で囲みなさい。

① "Did you ₇read the book ₁given by your father?"

"I ₇have finished ₁reading it two days ago." (神奈川・鎌倉高)

② When my friend ₇called me ₁at seven thirty yesterday evening, I ₇have studied in my room to ₁finish my homework before dinner. (神奈川・柏陽高)

③ The boy ₇has gone to Osaka ₁by himself ₇a couple of days ago to ₁join his family. (千葉・市川高)

④ I ₇heard a beautiful song when I was a child. It was an old English song. I have just ₁buying that song I ₇have wanted for many years ₁on the Internet. (神奈川・横浜翠嵐高)

088 英語になおしなさい。 (②③は下線部のみ)

① 両親が旅行に行ってしまいました。 (智弁学園和歌山高)

_____

② A: Is everyone here?

B: No. ジョンがまだ来ていないんだ。 (東京・筑波大附高)

_____

難 ③ ユミ：ケン，昨日は何をしていたの？

ケン：昨日は本を買って，午後はずっとその本を読んでいたよ。これがちょうどぼくが読み終えた本だよ。 (京都・立命館高)

_____

解答の方針
_____

086 ③「私たちがこの町に引っ越してから３年になる。」
087 ③ a couple of ～ 2, 3の～

8 現在完了進行形

標準問題 ─────────────────────────────── （解答）別冊 p.16

重要 089 ▷ [have [has] + been +〜ing]

（　　）内に入る正しいものを選んで，○で囲みなさい。

① 私は3時間（前から）勉強しています。

I (　　　) for three hours.

ア am studying　　イ have been studying　　ウ have been studied

② 彼女は朝からずっとピアノを練習しています。

She (　　　) the piano since morning.

ア is practicing　　イ has practicing　　ウ has been practicing

③ 私たちは子どものころからお互いを知っています。

We (　　　) each other since we were children.

ア know　　　　イ have known　　　　ウ have been knowing

> **ガイド** 現在完了形（have [has] ＋過去分詞）と進行形（be動詞＋〜ing）を組み合わせると，下線部が been（be動詞の過去分詞）になる。その結果，〈have [has] + been +〜ing〉という形（現在完了進行形）ができる。
>
> ※現在完了進行形は，過去から現在まで「ずっと〜し続けている」（動作の継続）の意味を表す。be動詞・have・know などの状態を表す動詞は進行形にできないので，現在完了形で「ずっと〜の状態だ」（状態の継続）の意味を表す。

090 ▷ [現在完了進行形の否定文・疑問文]

（　　）内に適当な1語を入れて，英文を完成しなさい。

① 今週はずっとよく眠れていない。

I (　　　　) (　　　　　) sleeping well this week.

② ずっとここで待っているのですか。—はい。

(　　　　) you (　　　　　) (　　　　　) here? — Yes, I (　　　　　).

③ 朝からずっと雨が降っているのですか。—いいえ。朝は曇りでした。

(　　　　) it (　　　　　) (　　　　　) since morning? — No, it (　　　　　). It was cloudy in the morning.

> **ガイド** 現在完了進行形の否定文は，have [has] の後ろに not を加えて作る。
>
> 現在完了進行形の疑問文は，have [has] を主語の前に置いて作る。答えるときは have [has] を使う。

解答 別冊 p.16

091 ( )内の指示に従って全文を書きかえなさい。

① He studied this morning.（下線部を since this morning に変えて）

_____

② It has been raining for two weeks.（否定文に）

_____

③ The children have been watching TV for two hours.（下線部を尋ねる疑問文に）

_____

092 [ ]内の語句を並べかえて，英文を完成しなさい。

① その市の人口は増え続けています。

The population [increasing / the city / been / of / has].

_____

② 朝からずっとその本を読んでいるのですか。

Have [since / reading / you / the book / been] morning?

_____

③ 姉は電話で誰かと1時間ずっと話しています。

My sister [talking with / on / for / has / the phone / been / someone] an hour.

_____

093 次の文を英語になおしなさい。

① 私は1時間ずっと音楽を聞いています。

_____

難 ② どのくらい前からここで待っているのですか。

_____

解答の方針

092 ① population 人口 increase 増える

1 （　）内に入る適当な語句を下から1つ選び，記号を○で囲みなさい。　（各2点，計12点）

① "Did you do your homework?" "Yes, I (　　) it one hour ago."

　ア finished　　イ finish　　ウ have finished　　エ am finishing　（東京・中央大学高）

② The old man says that he has (　　) to the moon, but no one believes him.

　ア been　　イ left　　ウ reached　　エ visited　（東京・中央大学高）

③ Have you done your homework (　　)?　Let's watch a movie together when you have finished!

　ア yet　　イ before　　ウ once　　エ for　（東京・中央大学附属高）

④ Teddy's just (　　) to the bank.　He'll be back in about half an hour.

　ア gone　　イ been　　ウ went　　エ goes　（東京・日本大豊山高）

⑤ "I've visited Spain once." "Oh, (　　)?"

　ア are you　　イ did you　　ウ don't you　　エ have you　（東京農業大第一高）

⑥ When I was a little child, I (　　) twice.

　ア went abroad　　　　イ went to abroad

　ウ have gone abroad　　エ have been to abroad　（神奈川・法政大国際高）

2 ①～④の（　）内には同じつづりの語を，⑤⑥の（　）内には発音が同じでつづりが異なる語を入れなさい。　（各2点，計12点）

① When the class was (　　　), it started raining.

　This song is famous all (　　　) Japan.　（東京・豊島岡女子学園高）

② You must (　　　) the door behind you.

　The park is (　　　) to the station, so you can easily get there.

　（北海道・函館ラ・サール高）

③ You need to get (　　　) with your classmates.

　My grandfather likes to walk (　　　) the river.　（愛知・中京大附中京高）

④ This elevator is out of (　　　).

　May I (　　　) this cake for dessert?　（東福岡高）

⑤ I decided not to (　　　) money on such an old hotel.

　Ricky put his arm around his mother's (　　　).　（東京・開成高）

⑥ The wind (　　　) the candles out.

　I like your (　　　) shirt.　（東京・開成高）

3 ( )内に適当な語を入れて，英文を完成しなさい。 (各2点，計4点)

① ケビンはどのくらいパリにいますか。1年以上ですか。

How ( ) has Kevin ( ) in Paris? For more than a year?

(高知・土佐高)

② 最後に君が連絡をよこしたのは3か月前だよ。

I ( ) ( ) from you for three months.

(東京・開成高)

4 2つの文がほぼ同じ内容を表すように，( )内に適切な1語を入れなさい。 (各2点，計14点)

① He lost his ticket, and he is still looking for the ticket.

He ( ) ( ) his ticket.

(大阪・浪速高)

② He went to the station, so he is not here now.

He ( ) ( ) to the station.

(東京・日本大第三高)

③ Stuart visited Kobe in 2010, and again this year.

Stuart has ( ) to Kobe twice since 2010.

(兵庫・灘高)

④ Fredy went to the movie theater and is still there now.

Fredy ( ) ( ) ( ) the movie theater.

(神奈川・鎌倉学園高)

⑤ I will go to the UK for the first time next month.

(東京・豊島岡女子学園高)

I will go to the UK next month. I have ( ) ( ) there.

⑥ They have had no rain in the city for a month.

It ( ) ( ) at all in the city for a month.

(京都・立命館高)

⑦ The famous scientist died 7 years ago.

7 years ( ) ( ) ( ) the famous scientist died.

(神奈川・鎌倉学園高)

5 [　　]内の語句を並べかえて，英文を完成しなさい。　　　　　　　　（各4点, 計12点）

① お久しぶりです。

[since / time / we / been / long / it's / met / a] last.　　　　　　（埼玉・立教新座高）

_____

② あなたはいつから外国のことについてもっと知りたいと思っているのですか。

[about / foreign　countries / have / how / know / long / more / to / wanted / you]?　　　　　　　　　　　　　　　　　　　　　　　　（東京・明治大付中野八王子高）

_____

③ 2か月以上ほとんど雨が降っていません。（1語不足）

[two / than / little / we / more / rain / for / have] months.　　　　（奈良・帝塚山高）

_____

6 渚（Nagisa）さんは，春休みにオーストラリア（Australia）にホームステイをすることになり，ホストファミリーのクラーク（Clark）さんにEメールを送ろうと思っています。渚さんになったつもりで①〜③の内容を表す英文を書き，Eメールを完成させなさい。

（富山第一高）（各4点, 計12点）

内容：① バスケットボール部に入っている。

　　　② オーストラリアを一度も訪れたことがない。

　　　③ 滞在中に，クラークさんに日本料理を作ってあげたい。

Dear Mr. Clark,

Nice to meet you. I'm Nagisa, a junior high school student in Toyama.

I like sports.

① _____ .

② _____ .

So, I'm excited.

My father is a teacher and my mother is a writer. I have no brothers or sisters,
　　but I have a dog called Naruto. I'll send a picture of my family.

I also like cooking.

③ _____ .

I'm really happy to be able to stay in your home.

See you,

Nagisa

7 下線部が誤っているものを1つ選び，記号を○で囲みなさい。 (各2点，計10点)

① I ァ<u>have gone</u> to the amusement park ィ<u>many times</u> when I ゥ<u>lived</u> in Osaka three years ェ<u>ago</u>. (明治大付中野八王子高)

② I have been ァ<u>done</u> my homework ィ<u>for about</u> three hours, but I ゥ<u>haven't</u> finished it ェ<u>yet</u>.

③ It ァ<u>has been</u> ィ<u>a long time</u> ゥ<u>since</u> my grandma was here, ェ<u>wasn't it</u>? (神奈川・慶応義塾高)

④ How ァ<u>often have</u> ィ<u>Mr. and Mrs. Brown</u> ゥ<u>been</u> ェ<u>to</u> there? (近畿大附和歌山高)

⑤ その高価な宝石はまだ売られていない。

　ァ<u>The expensive jewel</u> ィ<u>has</u> not ゥ<u>be</u> ェ<u>sold</u> yet. (東京・日本大豊山高)

8 次の文を英語になおしなさい(⑤⑥は下線部のみ)。 (各4点，計24点)

① 私はちょうど朝食を作り終えたところです。 (東京・桜美林高)

_____

② 僕たちは彼が函館に来て以来の友達です。(been friends を使って) (北海道・函館ラ・サール高)

_____

③ 私は兄ほど多くの国に行ったことがありません。 (京都・立命館宇治高)

_____

④ 和歌山に住んで5年になるが，紀三井寺(きみいでら)球場には一度も行ったことがない。 (智弁学園和歌山高)

_____

⑤ A: Grandma, you and Mrs. Tanaka are good friends. <u>どのくらい前から知り合いなの。</u>
　 B: Since we were children. (東京・筑波大附高)

_____

⑥ はるな：やっぱりナンシーがいないと寂しいね。
　 だいき：そうだね。<u>彼女がカナダに帰って2週間が過ぎたんだね。</u>
　 はるな：そろそろ落ち着いたかな。メール書いてみよう。 (京都・立命館宇治高)

_____

9 不定詞の3用法

（解答）別冊 p.18

標 準 問 題

重要 094 ［名詞的用法］

（　　　）内に適当な1語を入れて，英文を完成しなさい。

① 私はあのレストランで働きたい。

I (　　　　) (　　　　　) work at that restaurant.

② 英語で手紙を書くことは難しい。

(　　　　　) (　　　　　) a letter in English is difficult.

③ 彼の夢は科学者になることだ。

His dream (　　　　　) (　　　　　) become a scientist.

> ガイド　〈to ＋動詞の原形〉を不定詞と言う。不定詞には，① 名詞的用法，② 形容詞的用法，③ 副詞的用法
> の3つの使い方がある。名詞的用法の不定詞は「～すること」の意味を表し，S(主語)・C(補語)・
> O(目的語)の働きをする。
> 　　　S［不定詞］＋ is ＋ C. ＝～することは C だ。
> 　　　S ＋ is ＋ C［不定詞］. ＝ S は～することだ。
> 　　　S ＋ V ＋ O［不定詞］. ＝ S は～することを…する。

重要 095 ［形容詞的用法］

（　　　）内の語を並べかえて，英文を完成しなさい。

① 私たちはこの週末はすることがたくさんあります。

We (things / have / lot / do / of / to / a) this weekend.

_____

② 何か飲むものを持ってきてくれますか。

Will (drink / to / you / something / bring)?

_____

③ 私には話をする友人がたくさんいます。

I (with / to / friends / talk / many / have).

_____

> ガイド　形容詞的用法の不定詞は，前にある名詞を修飾する。「～する(ための)…」「～すべき…」と，後ろ
> から訳す。
> 　　　eat something(何かを食べる) → something to eat(食べるための何か[食べるもの])
> 　　　live in a house(家に住む)　 → a house to live in(住む(ための)家)

重要 096 〉[副詞的用法]

日本語訳を完成しなさい。

① Lisa came to Japan to study Japanese.

　リサは_____日本に来た。

② We were surprised to hear the news of the accident.

　その事故の知らせ_____。

③ I went to the library to study with my friend.

　私は友だちといっしょに_____。

④ I was happy to see her again.

　私は彼女に_____。

⑤ I woke up to find myself on the bed.

　_____私は自分がベッドに寝ているのがわかった。

ガイド 副詞的用法の不定詞には，次のような使い方がある。

　・「~するために」〈目的を表す〉

　・「~して」〈感情の原因を表す〉　※ happy, surprised など，感情を表す形容詞のあとに置く。

　・「…して(その結果)~」〈結果を表す〉

語句 ② news ニュース，知らせ　accident 事故　⑤ woke　wake(目覚める)の過去形

---

097 〉[不定詞の3用法の区別]

[A]の①~④の下線部と同じ用法の不定詞を含む文を，[B]のア~エから1つずつ選びなさい。

[A] ① We were excited to watch the game.　　　　　　　　(　　　)

　　② I'll go home to watch the game on TV.　　　　　　(　　　)

　　③ I'd like to watch the game on TV.　　　　　　　　(　　　)

　　④ There are a lot of programs to watch on TV.　　　(　　　)

[B] ア My hobby is to surf the Internet.

　　イ I'm very glad to see you here.

　　ウ I'll study hard to become a doctor.

　　エ I have a friend to help me.

ガイド 「名詞的用法」「形容詞的用法」「副詞的用法〈目的〉」「副詞的用法〈感情の原因〉」の使い方を区別する。

語句 ① be excited 興奮している　④ program 番組

　　ア hobby 趣味　surf the Internet インターネットサーフィンをする

最高水準問題 ──────────────────────────── 解答 別冊 p.18

098 （　）内に適当な 1 語を入れて，英文を完成しなさい。

① Peter: I want to play soccer with you this week.　When are you free, Akira?

　　Akira: I have (　　　　) to do on Friday, so I can play with you.　　（山形県）

難 ② 月面を最初に歩いたのはだれだったのですか。

　　Who was (　　　) (　　　) (　　　) (　　　　) walk on the moon?

（広島大附高）

099 2 つの文の表す内容がほぼ同じになるように，（　）内に適当な 1 語を入れなさい。

① I was sorry when I heard the news.

　　I was sorry (　　　) (　　　) the news.　　（神奈川・日本大高）

② I am too busy to read books.

　　I have (　　　) (　　　) to read books.　　（大阪・開明高）

③ I will be free tomorrow.

　　I will have (　　　) (　　　) (　　　) tomorrow.　　（東京・城北高）

④ The first thing to do now is to do the right thing.

　　The first thing we (　　　) (　　　) do now is to do the right thing.

（福岡・西南学院高）

⑤ Remember to write to me soon.

　　(　　　) (　　　) to write to me soon.　　（東京・実践学園高）

難 ⑥ That is all I have to say.

　　I have (　　　) (　　　) to say.　　（東京・早稲田実業高）

100 下線部が誤っているものを 1 つ選び，記号を○で囲みなさい。

My friend practiced baseball hard ｱat school.　He looked very happy when I ｲgave him something ｳdrinking.　I thought it was the best thing for him after ｴpracticing baseball.　　（神奈川・横浜翠嵐高）

解答の方針

098 ② walk が原形である点に注意。

099 ⑤〈remember ＋不定詞〉～することを覚えておく　⑥ 上の文の意味は「それが私の言わなければならないすべてです」。

101 ( )内の語を並べかえて，英文を完成しなさい。

(難) ① 手遅れになる前に，地球のために何かをすべきです。

We have to do (save / something / earth / we / the / to / can) before it's too

late. （東京・実践学園高）

_____

② あなたにあげるものは何もありません。(2 語不足)

(don't / give / have / I / you). （大阪教育大附高平野）

_____

③ 冷たい飲み物はいかがですか。(1 語不要)

(could / something / like / you / to / would / cold) drink? （東京・共立女子第二高）

_____

(難) ④ 何か書くもの(筆記具)を貸してくれますか。(2 語不足)

(write / something / to / will / me / you)? （東京・開成高）

_____

102 英語になおしなさい。

あなたは中国で中華料理を食べる機会がありましたか。 （広島・近畿大附東広島高）

_____

(難) **103** 次の対話を読んで，下の問いに答えなさい。

アユミ ： ケンタ，とてもきれいな便箋ね。だれに手紙を書いているの？もしかして，それ英語の手紙？

ケンタ ： そうだよ。キャシーにね。

アユミ ： へえー，私には英語の手紙は無理だわ。キャシーは元気にしているかな？

① 下線部の内容を英語で書きなさい。

_____

② あなたは，外国にいる友人に近況を知らせるとしたら，手紙とEメールのどちらで知らせますか。

その理由を入れて，英語で書きなさい。 （岩手県改）

_____

_____

解答の方針

101 ④ write with a pen(ペンで書く)のような形をもとに考える。

103 ①「無理」は「難しい」と考える。 ② 不定詞を利用する。文は1つでも2つでもよい。

10 動詞＋目的語＋不定詞

重要 104 [tell など＋ O ＋不定詞]

( )内に適当な1語を入れて，英文を完成しなさい。

① 先生は私たちに教室を掃除するように言った。

The teacher told ( ) ( ) clean the classroom.

② 彼女は夫に手伝ってくれるように頼んだ。

She asked her husband ( ) ( ) her.

③ 両親は彼女を歌手にしたいと思っていた。

Her parents wanted ( ) ( ) be a singer.

④ 私はあなたにいっしょに来てほしい。

I would like ( ) ( ) come with me.

> **ガイド** tell / ask + O +不定詞 = O(人)に～するように言う[命じる] / ～するように頼む
> want [would like] + O +不定詞 = O(人)に～してもらいたい(と思う)

> **語句** ② husband 夫 ③ parent 親

重要 105 [目的語と不定詞の関係]

与えられた文を利用して，日本文を英語になおしなさい。

① I want to buy a camera. (私はカメラを買いたい。)

→ 私は父にカメラを買ってもらいたい。

_____

② We made a speech. (私たちはスピーチをした。)

→ 私たちは彼にスピーチをしてくれるよう頼んだ。

_____

③ They used the room for the meeting.(彼らはその部屋を会議に使った。)

→ 彼はその部屋を会議に使うよう彼らに言った。

_____

> **ガイド** (A)文の主語≠(B)不定詞が表す動作の主語のときは，(B)に当たる語を不定詞の前に置く。
> I want to see him. ※ to see の主語は「私」。
> (私は彼に会いたい。＝私は(自分が)彼に会うことを望む。)
> I want you to see him. ※ to see の主語は「あなた」。
> (私はあなたに彼に会ってほしい。＝私はあなたが彼に会うことを望む。)

106 [不定詞の否定形]

( )内に適当な語句を下から１つ選び，記号を○で囲みなさい。

① 先生は私たちに教室から出ないようにと言った。

Our teacher told us (   ) out of the classroom.

ア not go   イ not to go   ウ don't go

② 彼はそのコンピューターを買わないことに決めた。

He (   ) buy the computer.

ア didn't decide to   イ decided to not   ウ decided not to

③ これらのグラスを運ぶときに割らないようにしよう。

Let's (   ) to break these glasses when we carry them.

ア not try   イ try not   ウ don't try to

ガイド 不定詞の意味を否定するときは，to の前に not を置く。

Her mother told her not to go shopping.　※ not は to go を否定。

（母親は彼女に買い物に行かないようにと言った。）

Her mother didn't tell her to go shopping.　※ not は tell を否定。

（母親は彼女に買い物に行くようにとは言わなかった。）

語句 ① go out of ～　～から出る　③ carry ～を運ぶ

107 [had better ＋動詞の原形]

(   )内の語を並べかえて，英文を完成しなさい。ただし，不要な語が１つ含まれています。

① 私たちはもう出発するほうがよい。

We (better / start / had / to / now).

② 君はあまり働きすぎないほうがよい。

You (work / much / to / had / not / too / better).

ガイド had better ＋動詞の原形＝～するほうがよい(should)

had better not ＋動詞の原形＝～しないほうがよい(should not)

※「あなたは～するほうがよい」は，You should ～で表すのがふつう。You had better ～も使えるが，「～しなさい(そうしないとどうなっても知らないぞ)」という強制的な意味になることがある。

語句 ②〈動詞＋ too much〉～しすぎる

最高水準問題 ————————————————————————— 解答 別冊 p.20

108 ( )内の語句を並べかえて，英文を完成しなさい。

① ちょっとお願いがあるんだけれど。

I'd (do / like / something / to / you). （埼玉・城西大付川越高）

_____

② 私の妹はいつも寝る前に本を読んでとねだります。（1語句不要）

My little sister (she / me / a book / goes / asks / reading / to read / always / before / to her) to bed. （東京・駒込高改）

_____

③ ここでは話すために立ち止まらないほうがいいよ。

You (not / talk / stop / to / better / had) here. （千葉日本大第一高）

_____

④ 私はあなたに彼女の写真を撮ってもらいたい。（2語不足）

(a / her / I / you / picture / take / to). （大阪教育大附高平野）

_____

難 ⑤ 彼はそのことについて話し合う友人がいなかった。（1語不足）

He (friends / the / talk / no / about / to / had / problem). （東京・城北高）

_____

難 ⑥ 先生は私に遅刻しないようにと言いました。（2語不足）

My teacher (me / to / late / not / school / be). （東京・開成高）

_____

難 ⑦ あなたはできるだけ早くに医者に見てもらったほうがいいですよ。（2語不足）

You (you / as / see / your doctor / soon / had / can). （東京・開成高）

_____

109 2つの文の表す内容がほぼ同じになるように，( )内に適当な1語を入れなさい。

Shall I open the window?

Do you want ( ) ( ) open the window? （京都・立命館高）

解答の方針

108 ② reading と to read のどちらかが不要。　③〈stop ＋不定詞〉～するために立ち止まる

⑤「友人と話す」は talk with a friend。　⑦ had をどう使うかを考える。

110 （　）内に入る適当な語句を下から1つ選び，記号を○で囲みなさい。

① A: What did he say?

　 B: He (　　) you to open your textbook.

　 ア said　　　　　イ spoke　　　ウ talked　　　エ told　　　　　　　　（高知学芸高）

② She often tells a secret to her friends.　You had (　　) tell it to her.

　 ア better not　　　イ better　　　ウ not to　　　エ to　　　　　　　（愛媛・愛光高）

111 （　）内に適当な1語を入れて，英文を完成しなさい。

① 彼女に遅刻しないように言いました。

　 I (　　　　) (　　　　) (　　　　) to be late.　　　　　　　　（千葉・昭和学院秀英高）

② 「ご伝言をうかがいましょうか」「ええ，彼に折り返し電話するようにお伝えください」

　 "Shall I take a message?"

　 "Yes, please (　　　　) (　　　　) (　　　　) (　　　　) me back soon."

　　　　　　　　　　　　　　　　　　　　　　　　　　　　　　　　　　（広島大附高）

112 下線部を英語になおしなさい。

　 A: 昨日，みんなで野球をしたんだけど，君がいなくて残念だったよ。

　 B: ごめん。①昨日はとても忙しかったんだ。

　 A: 何をしていたの。

　 B: 自分の部屋を掃除していたんだ。②お母さんがそうしろって，いつも言うんだ。

　　　　　　　　　　　　　　　　　　　　　　　　　　　　　　　　　　（佐賀県）

①　_____

②　_____

難 113 英語になおしなさい。

　 旅行中は食べすぎたり飲みすぎたりしないように注意しなさい。　　　（大阪星光学院高）

　 _____

解答の方針

110 ②　secret 秘密

112 ②「そうする」は do so または do that。

113「〜しすぎる」は〈動詞＋ too much〉で表す。

11 疑問詞＋不定詞

重要 114 [how to ＋動詞の原形]

（　　　）内の語を並べかえて，英文を完成しなさい。

① 私にスキーのしかたを教えてください。

　Please (ski / me / to / teach / how).

_____

② 私はこの問題の解き方がわからない。

　I don't (this / solve / know / to / problem / how).

_____

③ そのチケットをどのようにして手に入れればよいか知っていますか。

　Do you (the / get / to / know / ticket / how)?

_____

ガイド how to ＋動詞の原形＝～のしかた［どのようにして～すべきか］

語句 ① ski スキーをする　② solve ～を解く　problem 問題

115 [疑問詞＋ to ＋動詞の原形]

（　　）内に適当な1語を入れて，英文を完成しなさい。

① 私はなんと言えばよいのかわからなかった。

　I didn't know (　　　　) (　　　　) say.

② いつその仕事を始めればよいのかあなたは知っていますか。

　Do you know (　　　　) (　　　　) start the work?

③ 私たちはどこで弁当を食べればよいのかを先生に尋ねた。

　We asked the teacher (　　　　) (　　　　) have lunch.

④ 私はどちらの辞書を買えばよいのか決められない。

　I can't decide (　　　　) dictionary (　　　　) (　　　　).

⑤ 何時にここへ来ればよいのかを私に教えてください。

　Please tell me what time (　　　　) (　　　　) here.

ガイド what to ＋動詞の原形＝何を～すべきか　　when to ＋動詞の原形＝いつ～すべきか
　　where to ＋動詞の原形＝どこへ［で］～すべきか
　　which（＋名詞）to ＋動詞の原形＝どちら（の…）を～すべきか

最 高 水 準 問 題 ──────────────────── 解答 別冊 p.21

116 （　　）内に入る適当な語句を下から1つ選び，記号を○で囲みなさい。

① Ken doesn't know (　　　) to use this computer.

　　ア what　　　　イ which　　　　ウ how　　　　エ who　　　　（東京・駒込高）

② A: Have you decided (　　　) for your father?

　　B: Yes, I'm going to buy that white shirt.

　　ア what to buy　　　　　　イ where to go

　　ウ how to say　　　　　　エ when to meet　　　　（高知学芸高）

117 2つの文の表す内容がほぼ同じになるように，（　　）内に適当な1語を入れなさい。

① Will you tell me the way to the museum?

　　Will you tell me (　　　　) (　　　　) get to the museum?　　　（愛媛・愛光高）

② He doesn't know what time he should start the party.

　　He doesn't know (　　　　) (　　　　) start the party.　　　（神奈川・湘南高 改）

難 **118** （　　　）内の語句を並べかえて，英文を完成しなさい。

① この本を読めばどこでその植物を見つけられるかわかるでしょう。（1語不足）

　　(the plant / us / to / this book / find / tell / will).　　　（京都・洛南高）

　　―――――――――――――――――――――――――――――――――

② いつどこに集合するのか，彼女はぼくたちに言いませんでした。（2語不足）

　　(and / didn't / she / to / us / when / where).　　　（広島大附高）

　　―――――――――――――――――――――――――――――――――

119 下線部を英語になおしなさい。

　　A: You're taking lessons in dancing, aren't you?

　　B: Oh, yes. I have two lessons every week. But why?

　　A: I love dancing, too. <u>どこで習ったらいいか知りたくてね。</u>　　　（東京・筑波大附高）

　　―――――――――――――――――――――――――――――――――

（ 解答の方針 ）─────────────

118 ② 「言う」「集合する」に当たる動詞が欠けている。

119 不定詞を2つ使うとよい。BのBut why? は「でも，なぜそんなことを聞くの？」という意味。

12 不定詞を含む重要構文

120 [It is ... ＋不定詞]

例にならって It で始まる文に書きかえ，完成した文を日本語になおしなさい。

(例) To play tennis is fun. → It is fun to play tennis. (テニスをするのは楽しい。)

① To study a foreign language is interesting.

(英文) ＿＿＿＿＿＿＿＿＿＿＿＿＿＿＿＿＿＿＿＿＿＿＿＿＿＿＿＿＿

(訳) ＿＿＿＿＿＿＿＿＿＿＿＿＿＿＿＿＿＿＿＿＿＿＿＿＿＿＿＿

② To help each other is important.

(英文) ＿＿＿＿＿＿＿＿＿＿＿＿＿＿＿＿＿＿＿＿＿＿＿＿＿＿＿＿＿

(訳) ＿＿＿＿＿＿＿＿＿＿＿＿＿＿＿＿＿＿＿＿＿＿＿＿＿＿＿＿

③ To answer the question is not easy.

(英文) ＿＿＿＿＿＿＿＿＿＿＿＿＿＿＿＿＿＿＿＿＿＿＿＿＿＿＿＿＿

(訳) ＿＿＿＿＿＿＿＿＿＿＿＿＿＿＿＿＿＿＿＿＿＿＿＿＿＿＿＿

> ガイド It is fun to play tennis.
>   ※ It は後ろの不定詞を指し，「それ」とは訳さない(後ろから訳す)。

重要 121 [It is ... ＋ for ＋人＋不定詞]

( )内の語句を並べかえて，英文を完成しなさい。

① エネルギーを節約することは私たちにとって必要だ。

It is (energy / to / necessary / us / save / for).

＿＿＿＿＿＿＿＿＿＿＿＿＿＿＿＿＿＿＿＿＿＿＿＿＿＿＿＿＿＿＿

② スポーツをすることは私たちの健康によい。

It is (do / to / good / our health / for / sports).

＿＿＿＿＿＿＿＿＿＿＿＿＿＿＿＿＿＿＿＿＿＿＿＿＿＿＿＿＿＿＿

③ 彼らがこの仕事を1週間で終えるのは不可能だ。

It is (this work / to / for / impossible / them / finish) in a week.

＿＿＿＿＿＿＿＿＿＿＿＿＿＿＿＿＿＿＿＿＿＿＿＿＿＿＿＿＿＿＿

> ガイド It is fun for me to play tennis. (私にとってテニスをすることは楽しい。)
>   ※不定詞の前に〈for ＋人〉を置いて，「～にとって」の意味を表す。

語句 ① energy エネルギー save ～を節約する ② health 健康 ③ impossible 不可能な

重要 122 ▷ [too ... ＋不定詞 / ... enough ＋不定詞]

（　　）内に適当な１語を入れて，英文を完成しなさい。

① このカレーはからすぎて食べられない。

This curry is (　　　　　) hot (　　　　　) eat.

② この自転車はとても高価なので私には買えない。

This bike is (　　　　) expensive (　　　　　) me (　　　　) buy.

③ 私はプールつきの家に住めるほどの金持ちになりたい。

I want to become rich (　　　　) (　　　　　) live in a house with a swimming

pool.

④ 彼女は親切にも私を駅まで連れていってくれた。

She was (　　　　) (　　　　) to take me to the station.

> **ガイド** too ... ＋不定詞＝～するには…すぎる，…すぎて～できない
> too ... ＋ for ＋人＋不定詞＝（人）が～するには…すぎる，…すぎて（人）は～できない
> ... enough ＋不定詞＝～するのに十分…，十分…なので～できる
> ※ ... の位置には，形容詞・副詞を置く。enough は後ろに置く点に注意。

語句 ① curry カレー　hot からい　② expensive 高価な　③ swimming pool 水泳用プール

123 ▷ [too ... ＋不定詞 ⇔ so ... that S can't ～]

２つの文の表す内容がほぼ同じになるよう，（　　）内に適当な１語を入れなさい。

① It is too hot to study.

It is (　　　　) hot (　　　　) I can't study.

② I was too busy to have lunch.

I was (　　　　) busy that I (　　　　) not have lunch.

③ The girl is so short that she can't get things on the shelf.

The girl is (　　　　) short (　　　　) get things on the shelf.

④ This book is so difficult that children can't read it.

This book is (　　　　) difficult (　　　　) children (　　　　) (　　　　).

> **ガイド** S is too ... ＋不定詞＝ S is so ... that S can't ～（S はとても…なので～できない）
> ※ S に続く動詞は，be 動詞以外の場合もある。

語句 ③ short 背が低い　shelf たな

最高水準問題 ————————————————————— 解答 別冊 p.22

124 2つの文の表す内容がほぼ同じになるように，（　）内に適当な1語を入れなさい。

① Can you do it easily?

Is (　　　) (　　　) (　　　　) you to do it?　　　　　　（千葉・昭和学院秀英高）

② I went to the station so early that I could buy presents for my family.

I went to the station early (　　　　) to buy presents for my family.　（愛媛・愛光高）

③ This box was so heavy that I couldn't carry it.

This box was (　　　) (　　　) (　　　) (　　　) to carry.　（長崎・青雲高）

④ I found her house easily.

(　　　) was easy for me (　　　) find her house.　　　（神奈川・法政大第二高）

難 ⑤ His pride didn't allow him to take the money.

He was (　　　) (　　　) (　　　　) take the money.　　　（愛媛・愛光高）

難 ⑥ It is ten minutes' walk from here to my house.

It (　　　) ten minutes (　　　　) walk from here to my house. （神奈川・日本大高）

125 下線部の日本語の英訳を完成しなさい。ただし空欄に書き入れる語は8語とし，短縮形（I'm
や didn't など）は用いないこと。

I went to Yokohama to see a movie last Sunday.　I saw a foreigner at the
station.　There were many people there and she was looking around.　She
looked sad.　I thought that she needed someone's help.　I wanted to do
something for her, ①でも外国人に話しかけるのは，ぼくにはたやすいことではなかったので
す。　I like English and I study it very hard, but no words came to me.
②その人のためにどうしたらいいのか，ぼくにはわかりませんでした。　　　（神奈川・柏陽高改）

① but _____ to a foreigner.

② _____ her.

126 英語になおしなさい。

携帯電話をいつどこで使うべきかを理解していない人たちがいる。　　　　　（高知学芸高）

_____

_____

解答の方針

124 ⑤ 上の文は「彼の誇り［プライド］が，彼にその金を受け取ることを許さなかった。」という意味。

126 「携帯電話」は cell phone または mobile phone。

127 ( ) 内の語句を並べかえて，英文を完成しなさい。

① A: Fall has come, Naomi.

B: Yes. It's (leaves / for / change / the time / to) their colors. （島根県）

_____

② 私にはテレビなしの生活なんて想像できない。

(for / imagine / impossible / is / it / life / me / to / TV / without). （長崎・青雲高）

_____

③ あなたにそこへの行き方を教えるのは難しい。（1語不要）

(to / there / how / you / where / hard / get / it's / to / tell). （東京・中央大杉並高）

_____

④ ビルにとって早起きは簡単だ。（2語不足）

(Bill / early / easy / get / is / to / up). （大阪教育大附高平野）

_____

⑤ その箱は彼女が持ち上げるには大きすぎた。（1語不足）

(to / was / big / her / the box / too / lift). （京都・洛南高）

_____

⑥ 彼女は親切にも私に郵便局へ行く道を教えてくれました。（1語不要）

She (kind / me / to / show / so / enough / the / was) way to the post office.

（神奈川・桐蔭学園高）

_____

⑦ 沖縄では海水浴に行けるくらい暖かくなっていると思いますか。

(enough / it / you / warm / to / do / is / think) go swimming in the sea in

Okinawa? （広島大附高）

_____

128 下線部を英語になおしなさい。

A: Can we walk to the hotel from the station?

B: Well, it takes about fifteen minutes by bus.

A: I see. 歩いていくのは難しいわね。 （東京・筑波大附高）

_____

⟨ 解答の方針 ⟩

127 ① leaves は動詞ではない。 ② impossible 不可能な ③ get there そこに着く

13 原形不定詞など

重要 **129** [make + O +原形不定詞]

(　　　)内に入る正しいものを選んで，○で囲みなさい。

① 彼の冗談はみんなを笑わせた。

His joke made everyone (laugh / laughing / laughed).

② 医者は彼にたばこをすうのをやめさせた。

The doctor made (he / his / him) stop smoking.

③ そのシャツを着ると君はかっこよく見える。

That shirt makes you (look / to look / looking) cool.

> **ガイド** to のつかない不定詞を，原形不定詞と言う。原形不定詞は，「〜させる」の意味を持つ make（使役動詞）とともによく使われる。次の２つの形をセットで覚えておくとよい。
> （A）make + O +原形不定詞＝O に（むりやり）〜させる
> 　　　The coach made <u>us</u> <u>practice</u> hard.（コーチは私たちを熱心に練習させた。）
> 　　　　　　　　　　　O　原形不定詞
> （B）make + O +形容詞［名詞］＝O を〜にする
> 　　　The news made <u>us</u> <u>happy</u>.（その知らせは私たちを喜ばせた。）
> 　　　　　　　　　　O　形容詞

語句 ① joke 冗談　laugh 笑う
③ shirt シャツ　cool かっこいい

130 [let + O +原形不定詞]

(　　　)内に適当な１語を入れて，英文を完成しなさい。

① もし彼が来たら私に知らせてください。

Let (　　　　　) (　　　　　) if he comes.

② そのパズルを私に解かせてください。

(　　　　　) (　　　　　) solve the puzzle.

③ 私たちにこの部屋を使わせてもらえますか。

Can you (　　　　　) (　　　　　) (　　　　　) this room?

> **ガイド** let（許す，〜させておく）も使役動詞で，次の形で使う。
> 　　let + O +原形不定詞＝O が〜するのを許す，O に〜させておく
> 　　特に，〈Let me +原形不定詞〜.〉（私に〜させてください。）の形で使うことが多い。

語句 ② solve a puzzle パズルを解く

重要 |131〉[see など＋ O ＋原形不定詞 [～ing]]

（　　　）内に入る正しいものを<u>すべて</u>選んで，○で囲みなさい。

① 彼がその店から出てくるのが見えた。

I saw him (come / coming / was coming) out of the shop.

② 私はだれかが自分の名前を呼ぶのが聞こえた。

I heard someone (call / calling / to call) my name.

③ 私は何かが足に触れるのを感じた。

I felt something (touch / touching / to touch) my foot.

④ 彼女は私を30分待たせた。

She kept me (wait / waiting / to touch) for 30 minutes.

> **ガイド** see（見える），hear（聞こえる），feel（感じる）など，肉体的な感覚を表す動詞を知覚動詞と言う。また keep は「～させ続ける」の意味。これらの動詞は次のような形で使う。
> ・see [hear, feel] ＋ O ＋原形不定詞[～ing]
> 　　　　　＝ O が～する[している]のが見える[聞こえる，感じられる]
> ・keep ＋ O ＋～ing ＝ O が～しているままにする，O に～させておく

語句 ③ touch 触れる　foot 足

|132〉[不定詞の使い分け]

（　　　）内に入る正しいものを選んで，記号を○で囲みなさい。

① The teacher (　　　) us to study hard.

　ア made　　イ let　　　　ウ told

② I'll (　　　) someone to help me with my homework.

　ア make　　イ think　　ウ ask

③ The teacher didn't allow us (　　　) out of the classroom.

　ア go　　　イ going　　　ウ to go

④ Can you help me (　　　) this doghouse?

　ア make　　イ making　　ウ made

> **ガイド** 「O に～させる[してもらう]」などの意味を表す動詞は，次の2つのタイプに分けられる。
> （A）動詞＋ O ＋ to つきの不定詞：want（O に～してほしい），tell（O に～するように言う），ask（O に～するように頼む），allow（O が～するのを許す）など
> （B）動詞＋ O ＋原形不定詞：make（O に～させる），let（O が～するのを許す）など
> help（O が～するのを助ける）は，（A）（B）の両方の形で使うことができる。なお，これらの動詞は〈動詞＋ O ＋～ing〉の形では使えない。

語句 ② help O with ～ O の～を手伝う　④ doghouse 犬小屋

最高水準問題 ——————————————————————————— 解答 別冊 p.23

133 ( )内に入る適当な語句を下から1つ選び,記号を○で囲みなさい。

① What made you ( ) to study history instead of geography?

  ア deciding イ decided ウ to decide エ decide (神奈川・慶応義塾湘南藤沢高)

② Look at the boy ( ) with his dog.

  ア run   イ runs   ウ ran   エ running (大阪・大谷高)

③ "Are you free on Saturday?" "Well, let me ( ) my schedule."

  ア check イ checking ウ checked エ to check

④ Do you ( ) that dog eating something?

  ア see   イ look   ウ think   エ make

難 ⑤ Don't leave the door ( ).

  ア unlock イ unlocking ウ unlocked エ to unlock (神奈川・法政大国際高)

134 [ ]内の語句を並べかえて,英文を完成しなさい。

① 子供たちに音楽の演奏方法を教えることは,彼らがリラックスする助けになるだろう。

  [music / will / play / to / them / children / help / how / teaching] to feel

  relaxed. (東京・中央大杉並高)

  _____

② どうして中国語を勉強する気になったのですか。

  [you / study / Chinese / made / to / what / decide]? (京都・立命館高)

  _____

③ なぜあなたはそう思うのですか。

  [makes / think / so / what / you / why]? (1語不要) (東京農業大第一高)

  _____

難 ④ 今すぐにトムにコンピューターを修理してもらうべきだ。

  [should / you / fix / have / Tom / right / the computer] now. (神奈川・法政大国際高)

  _____

解答の方針

133 ① instead of～ ～の代わりに geography 地理(学) ② schedule 予定 check 調べる,チェックする

134 ① relaxed リラックスして ④ fix ～を修理する

135 下線部が誤っているものを1つ選び，記号を○で囲みなさい。

① I heard Jenny ㋐to play ㋑the guitar ㋒at the party.　She really ㋓did a good job.

（千葉・日本大習志野高）

② ㋐Can you help ㋑me ㋒carrying these chairs ㋓to the gym?

136 次の会話の下線部が下の意味になるよう，（　　）内に適語を入れなさい。

A: You're alive!　Are you all right?　① Where (　　　　　) (　　　　　) (　　　　　)?

B: Sorry.　② I've (　　　　　) (　　　　　) (　　　　　) so long.　I just went out for a

walk, but I ③ (　　　　　) (　　　　　) (　　　　　) in the woods.

A: You were so late coming back that I was afraid something wrong might have

happened on the way.

B: I'm very sorry to have caused you a lot of worry.　Fortunately, after wandering

for about a few hours, I found myself on the road leading to this inn.

A: Are you all right?　④ You (　　　　　) pale.

B: I'm just tired.

A: You'll get better if you sleep well tonight.

　　①どこへ行ってたんだい。　　②すっかり待たせてごめんね。

　　③森で道に迷ったんだ。　　④顔色が悪いよ。

（埼玉・大妻嵐山高）

137 次の文を英語になおしなさい。

① この薬（medicine）を飲むと気分がよくなりますよ。

_____

② あなたの友人たちをそんなに長く待たせたままにしてはいけません。

_____

③ この教科書はあなたの英語を向上させる（improve）のに役立つでしょう。

_____

④ 私は何人かの男子が教室で大声で（loudly）話しているのを聞いた。

_____

┏━ **解答の方針** ┓

135 ② gym 体育館

136 alive 生きている　cause ～を引き起こす　fortunately 運よく　wander さまよう，ぶらつく

　　inn 宿屋

14 分詞

標 準 問 題 ──────────────── (解答) 別冊 p.24

重要 138 〉**[現在分詞の形容詞的用法]**

[   ]内の動詞を適当な形にかえて，文中の適当な位置に入れなさい。

① Look at the boys in the river. [swim]

_____

② Who is that girl with Emi? [talk]

_____

③ The woman over there is my mother. [stand]

_____

> **ガイド** 現在分詞(-ing)は，名詞を修飾して「～している…」の意味を表すことができる。
>
> The baby is sleeping in the bed. (赤ちゃんはベッドで寝ている。)
>
> → the baby | sleeping in the bed |　(ベッドで寝ている赤ちゃん)
>
> ※1語の現在分詞が名詞の前に置かれることもある。 a sleeping baby(眠っている赤ちゃん)

語句 ③ over there 向こうに[で]

139 〉**[過去分詞の形容詞的用法]**

[   ]内の動詞を適当な形にかえて，(   )に入れなさい。

① その国で使われている言葉は何ですか。[speak]

　What is the language (　　　　) in that country?

② これは私の大好きな作家が書いた小説です。[write]

　This is a novel (　　　　) by my favorite writer.

③ このこわれた花びんをどこへ持って行きましょうか。[break]

　Where shall I take this (　　　　) vase?

> **ガイド** 過去分詞は，名詞を修飾して「～される[された]…」の意味を表すことができる。
>
> The language is spoken in India. (その言語はインドで話されている。)
>
> → the language | spoken in India |　(インドで話されているその言語)
>
> ※1語の過去分詞が名詞の前に置かれることもある。 a used car(使われた車→中古車)

語句 ② writer 作家　③ vase 花びん

最高水準問題

解答 別冊 p.24

140 ( )内に入る適当な語句を下から１つ選び，記号を○で囲みなさい。

① The woman ( ) the piano in the music room is my teacher.

ア playing　　イ plays　　ウ play　　エ is playing　　（栃木県）

② This is a room ( ) by my sister.

ア will use　　イ are used　　ウ is using　　エ used　　（神奈川県）

③ There is little milk ( ) in the bottle.

ア having　　イ had　　ウ leaving　　エ left　　（神奈川・日本大高）

[難] ④ Some ( ) to the party couldn't come.

ア of people invited　　　　イ of invited people

ウ invited people　　　　エ of the people invited　　（長崎・青雲高）

141 ( )内の語を並べかえて，英文を完成しなさい。

① 彼は英語で書かれた本を読んでいる。（ 2 語不足）

(a / is / English / he / book / reading).　　（大阪教育大附高平野）

[難] ② 宇宙から見た地球は青いボールのようでした。（ 2 語不足）

(ball / blue / earth / from / like / looked / space / the).　　（広島大附高）

142 ( )内に適当な 1 語を入れて，英文を完成しなさい。

① 丘の上に建っている教会は50年前に建てられた。

The ( ) ( ) on the hill was ( ) fifty years ago. （東京・巣鴨高）

② 私は村上春樹が書いた小説を 2 冊持っています。

I have two ( ) ( ) ( ) Murakami Haruki.　　（東京・巣鴨高）

143 英語になおしなさい。

インドで話されている言葉は何ですか。　　（大阪・帝塚山学院高）

解答の方針

140 ③「びんの中にはほとんどミルクが残っていない。」

141 ② look like ～　　～のように見える

15 動名詞

標 準 問 題 ————————————————————————————— 解答 別冊 p.24

重要 **144** 〉[目的語になる動名詞]

日本語になおしなさい。

① We enjoyed swimming in the sea.

_____

② The baby began crying suddenly.

_____

③ Stop running in the classroom.

_____

> ガイド 〈動詞の原形＋-ing〉で「～すること」の意味を表す形を動名詞と言う。
>
> I like singing.＝I like to sing.（私は歌うことが好きです。）

語句 ② cry 泣く suddenly 突然

145 〉[主語・補語になる動名詞]

( )内の語を並べかえて，英文を完成しなさい。

① 食べすぎるのは健康に悪い。 (much / bad / is / eating / too) for your health.

_____

② 私の趣味はおもちゃを集めることです。 My (collecting / toys / is / hobby).

_____

> ガイド S［動名詞］is C.＝～することは…だ。　　S is C［動名詞］.＝Sは～することだ。
>
> ※これらの動名詞は，不定詞(to ＋動詞の原形)で言いかえることができる。

146 〉[前置詞の目的語になる動名詞]

( )内から適当な語句を選び，記号を○で囲みなさい。

① 寝る前に歯をみがきなさい。

Brush your teeth before (ア go イ going) to bed.

② 彼はさようならも言わずに部屋を出た。

He left the room without (ア saying イ to say) goodbye.

> ガイド 前置詞の後ろに動詞を置くときは，動名詞にする。不定詞は使えない。

語句 ① brush ～を（ブラシで）みがく teeth tooth(歯)の複数形

重要 |147〉[連語と動名詞]

（　　）内に適当な1語を入れて，英文を完成しなさい。

① 姉はサンドイッチを作るのが得意だ。

My sister is good (　　　　) (　　　　) sandwiches.

② 私たちはアメリカへ行くのを楽しみにしています。

We are looking forward to (　　　　) to America.

③ 放課後テニスをするのはどうですか。

How (　　　　) (　　　　) tennis after school?

④ 手伝ってくれてありがとう。

Thank you (　　　　) (　　　　) me.

> **ガイド** be good at -ing ＝～するのが得意だ
> be interested in -ing ＝～することに興味がある
> look forward to -ing ＝～するのを楽しみに待つ　※ to は前置詞。
> How about -ing? ＝～するのはどうですか。
> Thank you for -ing. ＝～してくれてありがとう。

語句 ① sandwich サンドイッチ

重要 |148〉[目的語になる動名詞と不定詞]

[　　]内の動詞を適当な形にかえて，（　　）内に入れなさい。（1語とは限らない）

① あなたはこのパソコンを使い終わりましたか。[use]

Have you finished (　　　　　　　) this computer?

② 私はこの古い辞書を売ることに決めた。[sell]

I decided (　　　　　　　) this old dictionary.

③ 雨が降り出した。[rain]

It started (　　　　　　　).

④ 雨が降りやんだ。[rain]

It stopped (　　　　　　　).

> **ガイド** 後ろに動名詞・不定詞のどちらを置くかは，動詞によって決まっている。
> 〈＋動名詞〉enjoy(～を楽しむ)，finish(～を終える)など
> 〈＋不定詞〉want(～を望む)，decide(～を決める)など
> ※ like, love, begin, start などは，動名詞・不定詞のどちらも置ける。
> ※ stop は動名詞と不定詞とで意味が異なる。
> stop talking(話すのをやめる)
> stop to talk(話すために立ち止まる)〈目的を表す副詞的用法の不定詞〉

最高水準問題 ——————————————————— 解答 別冊 p.25

149 （　）内に入る適当な語句を下から１つ選び，記号を○で囲みなさい。

① I want to go to France (　　) how to make French food.

　ア to learn　　イ learn　　　ウ learns　　　エ learning　　　（熊本・九州学院高）

② Would you mind (　　) outside?

　ア waiting　　イ to wait　　ウ waited　　エ wait　　　（佐賀・東明館高）

③ I remember (　　) John the day before yesterday.

　ア see　　イ to see　　ウ seeing　　エ to seeing　　　（東京・城北高）

④ Masako (　　) to the Great Smoky Mountains this weekend.

　ア was deciding to go　　　　イ decided going

　ウ decided to go　　　　　　エ can decide going　　　（東京・明治学院東村山高）

⑤ My teacher told me to give up (　　) video games. 〔難〕

　ア play　　イ to play　　ウ playing　　エ to playing　　　（智弁学園和歌山高）

150 （　　）内の語句を並べかえて，英文を完成しなさい。

① A: Did you know that Ayumi is in Canada?

　B: Yes. (been / there / has / studying / English) her dream for many years.

　　　　　　　　　　　　　　　　　　　　　　　　　　　　　　　　（千葉県）

_____

② 彼は今週末の海水浴を楽しみにしています。（１語不要）

He　(swim / looking / in / to / this　weekend / forward / the　sea / is / swimming).　　　（東京・駒込高）

_____

③ A: Have a good flight back to the United States.

　B: Thank (for / us / you / Japan / showing / around).

　A: You're welcome.　　　　　　　　　　　　　　　　（栃木・作新学院高）

_____

④ 毎日の生活の中で，朝食を食べることは大きな役割を果たしています。（１語不足）〔難〕

(everyday / breakfast / big / life / part / plays / a / in).　　　（東京・城北高）

_____

解答の方針

149 ② mind 気にする，いやがる　③ the day before yesterday おととい　⑤ give up あきらめる，やめる

150 ④ play a ～ part ～な役割を果たす

151 2つの文の表す内容がほぼ同じになるように, ( )内に適当な1語を入れなさい。

① Tom had breakfast and then went to school.

Tom went to school ( ) ( ) breakfast. （東京・城北高）

② Let's have tea at the shop over there.

How ( ) ( ) tea at the shop over there? （東京・実践学園高）

③ If you eat too much, you will be sick.

( ) too much will ( ) you sick. （東京家政学院高）

🔺 ④ I tried to open the door quietly.

I tried to open the door without ( ) a ( ). （東京・江戸川女子高）

152 下線部が誤っているものを1つ選び, 記号を○で囲みなさい。

① Tom ァ<u>always has</u> his camera ィ<u>with him</u> when he goes out because ゥ<u>he thinks</u> taking pictures ェ<u>are fun.</u> （神奈川・柏陽高）

② ァ<u>Be</u> kind ィ<u>to</u> others ゥ<u>is</u> something I ェ<u>learned</u> from this fairy tale. （東京・中央大附高）

153 ( )内に適当な1語を入れて, 英文を完成しなさい。

🔺 ① いつになったら雨がやむのだろう。

I wonder when ( ) ( ) ( ) ( ). （鹿児島・ラ・サール高）

② メアリーはさようならを言わずにパーティーを立ち去った。

Mary left the party ( ) ( ) ( ). （東京・東工大附科技高）

154 次の状況で使う英語表現を文の形で書きなさい。

話している相手の本をなくしたことを謝るとき（for を使って） （神奈川・法政大第二高）

_____

155 英語になおしなさい。

私たちをお宅にお招きいただき, ありがとうございます。 （大阪・帝塚山学院高）

_____

解答の方針

151 ④ 「静かに」→「音を立てないで」

153 ① 〈I wonder + 疑問詞〉～だろうかと思う

1 （　　）内に入る適当な語句を下から 1 つ選び，記号を○で囲みなさい。　　(各 2 点，計 12 点)

① The woman (　　) her baby on her back looked tired.

　　ア carried　　イ was carrying　　ウ carrying　　エ was carried　　(東京・国学院高)

② I want our future generations (　　) thinking about the best way to live with robots.

　　ア keeping　　イ to keep of　　ウ to keep　　エ keeping of　　(大阪桐蔭高)

③ The rising sun (　　) from the hill is very beautiful.

　　ア looking　　イ looked　　ウ seeing　　エ seen　　(栃木・作新学院高)

④ You can lead a horse to water but you (　　).

　　ア can give it water　　　　イ can see it drink

　　ウ cannot drink it　　　　エ cannot make it drink　　(茨城・江戸川学園取手高)

⑤ I gave up (　　) soccer because of a knee injury.

　　ア to play　　イ playing　　ウ play　　エ played　　(神奈川・慶応義塾湘南藤沢高)

⑥ It was careless (　　) to leave the window open.

　　ア of you　　イ to you　　ウ with you　　エ for you　　(神奈川・慶応義塾湘南藤沢高)

2 2 つの文がほぼ同じ内容を表すように，（　　）内に適切な 1 語を入れなさい。　(各 2 点，計 12 点)

① This book is too difficult for Ken to read.

　This book is so difficult (　　　　) (　　　　) (　　　　) read it.

　　　　　　　　　　　　　　　　　　　　　　　　　　　　　(神奈川・鎌倉学園高)

② I want to visit Harajuku when visiting Tokyo.

　I do not want to leave Tokyo (　　　　) (　　　　) Harajuku.　　(神奈川・慶応義塾高)

③ Show me your dictionary, will you?

　Please (　　　　) me have a (　　　　) at your dictionary.　　(福岡・久留米大附設高)

④ John is playing with a paper plane.

　John is playing with a plane (　　　　) (　　　　) paper.　　(福岡・西南学院高)

⑤ Shall I carry the box?

　Do you (　　　　) me (　　　　) carry the box?　　(東京・桜美林高)

⑥ Why don't you swim with us now?

　How (　　　　) (　　　　) with us now?　　(佐賀・東明館高)

3 （　）内に適当な１語を入れて，英文を完成しなさい。　　　　　　（各２点，計４点）

① 公共の場所で大声で話すのはやめてもらいたい。

I （　　　　　） you （　　　　　） stop （　　　　　） loudly in public.　　　（国学院大栃木高）

② その帽子をかぶっていると君は別人のようだね。

The hat （　　　　） （　　　　） （　　　　　） quite different.　　　（東京・開成高）

4 下線部が誤っているものを１つ選び，記号を○で囲みなさい。　　　　（各２点，計８点）

① The man ｱcuts the ｲmeat ｳwith ｴa knife is my brother.　　　（近畿大附和歌山高）

② ｱBe kind to ｲothers is ｳsomething I learned ｴfrom my grandmother.

（近畿大附和歌山高）

③ The restaurant ｱkept us ｲwaited for 30 minutes without ｳtelling us that it ｴwould take that long.　　　（神奈川・慶応義塾高）

④ Nancy stopped ｱto talk and ｲbecame quiet when the teacher ｳcame ｴinto the classroom.　　　（神奈川・慶応義塾高）

5 （　　）内に入る１語を下の語群から選び，必要に応じて適切な形に変えて書きなさい。ただし同じ語を２度以上用いてはならない。　　　（山梨・駿台甲府高）（各２点，計10点）

① A: Did you enjoy （　　　　　）?

B: Yes, it was a warm day and the water was not so cold.

② A: What a beautiful picture this is!

B: Yes, it was （　　　　　） from the top of the mountain.

③ A: You look really tired.

B: Yes, I （　　　　　） from Osaka to Tokyo for more than six hours last night.

④ A: It is almost a hundred years since that famous writer died.

B: Yes, these days many people are （　　　　　） his name.

⑤ A: How is your uncle doing these days?

B: I don't know well. I have not （　　　　　） him recently.

[meet / forget / take / drive / swim]

6 [　]内の語句を並べかえて，英文を完成しなさい。 (各3点，計27点)

① 我々は，何が自分たちに良いかを教えてくれるような情報に囲まれている。

We [telling / by / what / are / information / surrounded / us / is] good for us.

(東京・江戸川女子高)

_____

② 母にお皿を洗ってと頼まれました。(1語不足)

[wash / mother / dishes / asked / my / me / the].

(京都女子高)

_____

③ お姉ちゃんと同じくらい頑張って勉強するように，母は私に言った。(1語不要)

My mother [as / me / said / as / to / hard / told / study] my sister.

(東京・日本大鶴ケ丘高)

_____

④ そのパーティーに招待された人々のほとんどは外国人であった。

[invited / most / of / the party / the people / to / were] foreigners.

(埼玉・城西大付川越高)

_____

⑤ A: Have you [give / daughter / what / decided / as / your / to] a birthday present?

　 B: Well, I'm going to give her the seventh volume of Harry Potter series.

(愛知・滝高)

_____

⑥ A: Karen said she would go to New York by herself to see her grandparents.

　 B: You are kidding! She is only six years old. It's [for / without / hard / her / too / travel / to / her parents].

(東京・豊島岡女子学園高)

_____

⑦ この部屋に入る時は赤ん坊を起こさないように気をつけなさい。

[the baby when / be / you / not / careful / to / up / enter / wake] this room.

(東京・中央大高)

_____

⑧ 彼は人前で大声で話しかけられるのが好きではないようだ。

[being / doesn't / he / like / seem / spoken / to / to] in a loud voice in public.

(東京農業大第一高)

_____

⑨ 壁を赤色に塗るか青色に塗るか，私はまだ決めていません。

I [decided / paint / haven't / to / red or blue / the wall / whether] yet.

(神奈川・慶応義塾湘南藤沢高)

_____

7 次の文を英語になおしなさい。 (各3点, 計15点)

① 彼に, 私の宿題を手伝うように頼んでくれますか。 (東京・桜美林高)

_____

② 音楽を聞くことは私を幸せにします。 (東京・桜美林高)

_____

③ 丘の上に立っている木は樹齢200年です。 (奈良・帝塚山高)

_____

④ 私はあなたにお会いするのを楽しみにしています。 (東京・京華高)

_____

⑤ 彼らは洋書を販売している書店を探しています。 (北海道・函館ラ・サール高)

_____

8 次の会話が成り立つように, (1)～(3)の[　]に7～10語の英文を入れなさい。ただし, 与えられている語(句)をそのままの語順で, 形を変えずに用いなさい。なお, 短縮形は1語とする。
(東京・本郷高)(各4点, 計12点)

Mom: Are you still awake? I thought you would be sleeping at this time of night.

Son: I'm studying for a test tomorrow, and I have a headache. I want a cup of hot cocoa. (1)[mind / it / for]?

Mom: No, not at all. I can make it, but I think (2)[it / for / stay up]. You should go to bed earlier. I don't think your brain works well in the middle of the night.

Son: Yeah, you're right. After I drink the cocoa, I'll go to bed.

Mom: After you drink the cocoa? You'll feel clearheaded then! (3)[Why / go / now]? I'll make the cocoa for you at breakfast.

Son: OK, I will.

(1) _____

(2) _____

(3) _____

16 主格の関係代名詞

重要 **156** [関係代名詞の働き]

例にならって関係代名詞がまとめている部分を（　　）で囲み，全文を日本語になおしなさい。

（例）I have an uncle (who lives in Osaka).

① I know a boy who plays soccer very well.

（訳）_____

② He read a novel which was written by a famous writer.

（訳）_____

③ The man who is talking over there is my father.

（訳）_____

④ The tall building which stands near our school is a hospital.

（訳）_____

> ガイド 関係代名詞で始まる語句は，前の名詞（先行詞）を修飾する働きをする。
>   I have an uncle (who lives in Osaka).（私には大阪に住むおじがいる。）
> 私にはおじがいる └───┘　その人は大阪に住んでいる

語句 ④ hospital 病院

---

157 [主格の関係代名詞 who]

2つの文の表す内容がほぼ同じになるように，（　　）内に適当な1語を入れなさい。

① I have a friend. She sings very well.

   I have a friend (　　　　) sings very well.

② The man is our teacher. He is making a speech.

   The man (　　　　) (　　　　) making a speech is our teacher.

③ Do you know the man living in that house?

   Do you know the man (　　　　) (　　　　) in that house?

> ガイド 先行詞[人]＋ who ＋ V 〜 ＝〜する○○（人）
>   I have an uncle (who lives in Osaka).（私には大阪に住むおじがいる。）
> 先行詞が人┘　　└（　　　）内で主語の働きをする
> ※このような（後ろの動詞の主語の働きをする）ものを「主格の関係代名詞」と言う。

158 〉[主格の関係代名詞 which]

関係代名詞 which を使って1つの文にし，その文を日本語になおしなさい。

① This is a shirt.　It was made in China.

（英文）_____

（訳）_____

② Can you see the house?　It stands on that hill.

（英文）_____

（訳）_____

③ The dog is mine.　It has a long tail.

（英文）_____

（訳）_____

> **ガイド** 先行詞[人以外]＋ which ＋ V ～＝～する○○（人以外）
>
>   I have a dog (which runs very fast).（私はとても速く走る犬を飼っている。）
>
> 先行詞が人以外 ┘ └（　　　）内で主語の働きをする

語句 ① shirt シャツ　③ tail 尾

159 〉[主格の関係代名詞 that]

関係代名詞 that を使って1つの文にするとき，（　　）内に適当な1語を入れなさい。

① Do you know the woman?　She is wearing glasses.

Do you know the woman (　　　　) (　　　　) wearing glasses?

② The man is my uncle.　He is drinking coffee.

The man (　　　　) (　　　　) drinking coffee is my uncle.

③ This is a picture.　It was painted about a hundred years ago.

This is a picture (　　　　) (　　　　) painted about a hundred years ago.

④ Take the bus.　It goes to the museum.

Take the bus (　　　　) (　　　　) to the museum.

> **ガイド** 先行詞[人]＋ who [that]＋ V ～＝～する○○（人）
>
> 先行詞[人以外]＋ which [that]＋ V ～＝～する○○（人以外）
>
> ※ that は who，which の代わりに使える。
>
> ※先行詞が人のときは who，物のときは that を使うことが多い。

語句 ① wear ～を身に着けている　glasses めがね　③ paint （絵の具で）描く

最 高 水 準 問 題 ————————————————————— 解答 別冊 p.28

160 ( )内の語句を並べかえて，英文を完成しなさい。

① A: Look at this picture. Do you know him?

　 B: No, I don't. Who is he?

　 A: He is Suzuki Ichiro.　He is a (player / is / all　over / known / who / baseball) Japan.　　　　　　　　　　　　　　　　（国立工業高専）

_____

② A: I think I have met that woman over there.

　 B: Probably she (cook / us / one / who / the　people / is / for) at the cafeteria.（1語不足）　　　　　　　　　　　　　　　（東京・豊島岡女子学園高）

_____

③ これが行き方を記した地図です。

(the / which / this / way / shows / is / the map).　　　　　（東京・実践学園高）

_____

④ 2着になった人たちは銀メダルを受け取りました。　　　　　（神奈川・日本大高 改）

(made / medals / who / received / came / those / in second) of silver.

_____

⑤ 大きな帽子をかぶっている少女が，私たちの前に座りました。（1語不要）

A girl (sat / was / big / in / who / a / hat / wearing / wore) front of us.

　　　　　　　　　　　　　　　　　　　　　　　　　　　　（東京・駒込高）

_____

難 ⑥ 約束を破るような人を信じる人はいません。（1語不足）

(promise / a / believe / breaks / his or her / person / nobody / will).

　　　　　　　　　　　　　　　　　　　　　　　　　　　　（京都・洛南高）

_____

161 下線部が誤っているものを1つ選び，記号を○で囲みなさい。

The new students ア<u>who</u> want to イ<u>join</u> the baseball team ウ<u>has</u> to come to the school ground エ<u>by</u> five o'clock.　　　　　　　　　　　　（千葉・市川高）

解答の方針

160 ② probably たぶん　cafeteria 軽食堂，カフェテリア　④ receive ～を受け取る　come in second 2着になる　⑥ break one's promise 約束を破る

162 （　）内に入る適当な語句を下から１つ選び，記号を○で囲みなさい。

① I remember the nurse (　　　　) took care of me at the hospital.

　　ア when　　イ who　　　ウ why　　　エ which　　　　　　　　（栃木県）

② The woman who has stayed at my house for two months (　　　)
　Ms. Carpenter.

　　ア am　　　イ is　　　　ウ are　　　　エ to be　　　　　　（神奈川県）

163 ２つの文の表す内容がほぼ同じになるように，（　）内に適当な１語を入れなさい。

① I have a friend with blue eyes.

　I have a friend (　　　　) (　　　　) blue eyes.　　　　　（高知学芸高）

② The girl sitting on the bench is a friend of mine.

　The girl (　　　　) (　　　　) (　　　　　) on the bench is a friend of mine.

　　　　　　　　　　　　　　　　　　　　　　　　　　　　　（愛媛・愛光高）

③ Judy has many dolls made in Japan.

　Judy has many dolls (　　　　) (　　　　) made in Japan.　（愛知・東邦高）

④ All the students in my class can use a computer.

　There are no students in my class (　　　　) (　　　　) use a computer.

　　　　　　　　　　　　　　　　　　　　　　　　　　　　　（愛媛・愛光高）

164 英語になおしなさい。

① その老人は，約100年前に建てられた家に住んでいる。　　　　（高知学芸高）

_____

② ドアのそばできれいな女性と話している男の人が私たちの英語の先生です。　（高知学芸高）

_____

165 下線部を英語になおしなさい。

　A: I hear Susan's brother is a member of the baseball club.

　B: Yes, he is.　Oh, the team is now practicing over there.　Let me see ...

　　ベンチのそばに立っている背の高い選手を見てよ。　That's her brother.　（東京・筑波大附高）

_____

解答の方針

162 ① nurse 看護師　② 先行詞に着目する。

164, 165 〈名詞＋分詞〉の形でも書けるが，関係代名詞を使ってみよう。

17 所有格・目的格の関係代名詞

166 [所有格の関係代名詞 whose]

関係代名詞 whose を使って 1 つの文にしなさい。

① He has a daughter. Her name is Ann.

_____

② Look at that mountain. Its top is covered with snow.

_____

③ The girl is Naoko. Her hair is long.

_____

> **ガイド** I have a friend. + His father is a doctor.
> → I have a friend (whose father is a doctor). (私にはお父さんが医者の友人がいる。)
>   先行詞 ┘   └( )内で所有格の(his に相当する)働きをする
>   ※ whose は先行詞が人でも人以外でも使える。

重要 167 [目的格の関係代名詞]

[   ]内の関係代名詞を使って 1 つの文にし，その文を日本語になおしなさい。

① This is the book. I wanted to read it. [which]

　(英文) _____

　　(訳) _____

② The book was interesting. I bought it yesterday. [that]

　(英文) _____

　　(訳) _____

③ A boy won the speech contest. I know him very well. [whom]

　(英文) _____

　　(訳) _____

> **ガイド** 先行詞［人］+ who [whom, that] + S + V ～ = S が～する○○(人)
> 先行詞［人以外］+ which [that] + S + V ～ = S が～する○○(人以外)
> Soccer is a sport. + I like it very much.
> → Soccer is a sport (which I like very much). (サッカーは私が大好きなスポーツだ。)
>   先行詞 ┘   └( )内で(like の)目的語の働きをする

語句 ③ won win(勝つ)の過去形 speech contest 弁論大会

168 ［前置詞の目的語になる関係代名詞］

（　　）内に適当な1語を入れて，英文を完成しなさい。

① あれは有名な作家が住んでいた家だ。

　　That is the house (　　　　) a famous writer lived (　　　　).

② これは私がさがしていたカギだ。

　　This is the key (　　　　) I was looking (　　　　).

③ ナンシーが話している相手の女性は彼女のお姉さんだ。

　　The woman (　　　　) Nancy is talking (　　　　) is her sister.

④ 彼がいっしょに働いている人たちはみんな親切だった。

　　The people (　　　　) he worked (　　　　) were all kind.

> ガイド This is the book. + I talked about it.
> → This is the book (which I talked about). （これは私が(それについて)話した本だ。）
> 　　先行詞 ┘　　　　　　　　　└ 前置詞が残る

重要 169 ［関係代名詞の使い分け］

（　　　　）内から適当な語を選び，記号を○で囲みなさい。

① 私たちに歴史を教えている先生はタナカ先生だ。

　　The teacher (ア who　イ which) teaches us history is Mr. Tanaka.

② 川の上を飛んでいる鳥が見えますか。

　　Can you see the bird (ア who　イ that) is flying over the river?

③ 私は髪がとても長い人形を持っていた。

　　I had a doll (ア which　イ whose) hair was very long.

④ 彼女は私が一番好きな歌手だ。

　　She is the singer (ア whose　イ whom) I like the best.

⑤ これは私が一番好きな歌だ。

　　This is the song (ア which　イ whom) I like the best.

> ガイド 関係代名詞は，先行詞と格によって，次のように使い分ける。

先行詞	主格	所有格	目的格
人	who / that	whose	who(m) / that
人以外	which / that	whose	which / that
関係代名詞に続く語	動詞	名詞	主語＋動詞

最 高 水 準 問 題 ———————————————— 解答 別冊 p.30

170 ( ) 内の語句を並べかえて，英文を完成しなさい。

① 私が昨年訪れた村はとても静かだった。(1 語不要)

(very quiet / last year / the village / which / I / went / visited / was).

(神奈川・桐蔭学園高)

————————————————————————————————

② 屋根が向こうに見える家はトムの家です。(1 語不要)

The (roof / is / see / over there / house / you / whose / can) is Tom's.

(神奈川・桐蔭学園高改)

————————————————————————————————

③ この学校には，私が名前を知らない先生が何人かいます。

In this school (some / know / whose / are / don't / there / teachers / names / I).

(東京・江戸川女子高)

————————————————————————————————

④ この本は母国語が英語でない生徒向きです。

(students / English / book / isn't / is / whose / this / for / language).

(東京・江戸川女子高)

————————————————————————————————

⑤ これが私たちが 2 年前に住んでいた町だ。(1 語不足)

(two / the / this / lived / ago / town / we / is / which / years). (奈良・帝塚山高)

————————————————————————————————

⑥ 日本の医者たちがインドに送った薬は，貧しい人々を助けるために使われた。(1 語不要)

(sent / which / used / the Japanese doctors / was / to / to / who / the medicine / India) help poor people. (東京・中央大杉並高)

————————————————————————————————

⑦ 多くの人々に小説が読まれているフランスの作家が日本へやって来る。(1 語不要)

A French writer(to / novels / by many people / read / are / will come / whose / that) Japan. (千葉・日本大習志野高)

————————————————————————————————

171 下線部が誤っているものを 1 つ選び，記号を○で囲みなさい。

Mimi ₐis one ᵢof the house cats ᵤthat my aunt ₑis kept for ten years.

(東京・中央大附高)

解答の方針

170 ②③④⑦ whose の後ろには名詞を置く。　② roof 屋根　⑥ medicine 薬

172 （　　）内に入る適当な語句を下から１つ選び，記号を○で囲みなさい。

① Do you remember the name of the town (　　　　) Jane visited last month?

　　ア which　　イ to which　　ウ where　　　エ what　　　　　　　（長崎・青雲高）

② She saw a man (　　　　) hobby is collecting stamps.

　　ア his　　　　イ whose　　　ウ who　　　　　エ which　　　　　（東京・郁文館高）

173 （　　）内に適当な１語を入れて，英文を完成しなさい。

① ドイツは私がずっと行きたいと思っていた国の１つです。

　Germany is one of the (　　　　　　) which I have wanted to (　　　　　).

　　　　　　　　　　　　　　　　　　　　　　　　　　　　　　（福岡・西南学院高）

② このクラスには医者を父に持つ生徒が３人います。

　There are three students in this class (　　　　) (　　　　) (　　　　)
　doctors.　　　　　　　　　　　　　　　　　　　　　　　　　　（東京・巣鴨高）

174 ２つの文の表す内容がほぼ同じになるように，（　　）内に適当な１語を入れなさい。

　The girl is the youngest in the class.　Her picture got the prize.

　The girl (　　　　　) (　　　　　) got the prize is the youngest in the class.

　　　　　　　　　　　　　　　　　　　　　　　　　　　　　　　（獨協埼玉高）

175 関係代名詞を使って１つの文にしなさい。

　You see the mountain over there.　The mountain is Mt. Fuji.　　（神奈川・日本大高）

_____

176 英語になおしなさい。（③は下線部）

① 私は，母が先月買ってくれたバッグをなくしてしまいました。　　　（高知学芸高）

_____

② マイクが書いたその手紙を読んでもいいですか？　　　　　　　（東京・富士見丘高）

_____

難 ③ A: How about this?　It must be a good present for your family.

　　B: Hmm, it's nice.　だけど日本にあまりない物がほしいのよ。　（東京・筑波大附高）

_____

解答の方針

172 ② collect 集める　stamp 切手

173 ① ２つ目の空所には go は入らない。

174 prize 賞

176 ③ something の後ろに関係代名詞を置く形を考えてみよう。

18 that の特別な用法

重要 177 [that の特別な用法]

関係代名詞 that を使って 1 つの文にし，その文を日本語になおしなさい。

① Mary was the only student. She passed the difficult test.

(英文) _____

(訳) _____

② All the food was delicious. We had it at the restaurant.

(英文) _____

(訳) _____

③ Who is the girl? She is singing on the stage.

(英文) _____

(訳) _____

> ガイド (1) 強い限定を表す語句＋先行詞 → 関係代名詞は that を使うことが多い。
> all [every](すべての～), the only(ただ 1 つの～), the same(同じ～), the first(最初の～),
> the last(最後の～), 形容詞の最上級(the biggest など)
> (2) who や which で始まる疑問文 → 関係代名詞は that を使うことが多い。

語句 ② delicious おいしい　③ stage 舞台，ステージ

178 [that の用法のまとめ]

[A]の①～④の下線部と同じ用法の that を含む文を，[B]のア～エから 1 つずつ選びなさい。

[A] ① Look at <u>that</u> house standing on the hill. 　　　　(　)

　② The house <u>that</u> stands on the hill is my uncle's. 　(　)

　③ I hope <u>that</u> he will come to see me. 　　　　　(　)

　④ This is the biggest dog <u>that</u> I have ever seen. 　(　)

[B] ア The comic <u>that</u> you lent me was very interesting.

　イ This is a church <u>that</u> was built long ago.

　ウ I don't think <u>that</u> this is the best plan.

　エ I often go to <u>that</u> restaurant with my family.

> ガイド that の主な用法：(1) 形容詞(「あの[その]～」)　　(2) 代名詞「あれ[それ]」
> (3) 接続詞(「～ということ」など)　(4) 関係代名詞(主格・目的格)

最 高 水 準 問 題 —————————————————————— 解答 別冊 p.31

179 ( )内の語句を並べかえて，英文を完成しなさい。

① 通りを横切っている女の子と犬を見てごらん。

Look at the girl (that / are / dog / and / her / street / crossing / the).

(埼玉・聖望学園高)

_____

② いつもこの公園を走っている少年と犬は私の家の近くに住んでいます。

(are / always / near / this park / and the dog / running around / live / the boy / that / in) my house.

(福岡・西南学院高)

_____

難 ③ A: How do you like this summer festival?

B: I love it. (seen / I / fireworks / the / ever / that / are / have / best / these).

A: I am glad to hear that.

(東京・豊島岡女子学園高)

_____

④ (the / that / ever / this / I've / saddest / is / seen / movie). (神奈川・法政大第二高)

_____

180 2つの文の表す内容がほぼ同じになるように，空所に適当な1語を入れなさい。

I have never met a pretty woman like Nancy.

Nancy is the ( ) woman ( ) I have ever met. (東京・日本大第三高改)

181 指示に従って英語になおしなさい。

こんな寒さは初めてだ。(This, weather, experience をこの順に使って9語で) (東京・城北高)

_____

182 下線部を英語になおしなさい。

A: There are many people for Tom's birthday party.

B: Yes. Look! あの白いドレスを着ている子はだれなの。 (東京・筑波大附高)

_____

解答の方針

179 ③④ 「私が〜したことのある一番…な－」という形を作る。

181 weather 天気

19 関係代名詞の省略

重要 **183** [目的格の関係代名詞の省略]

省略できる関係代名詞を（　　　　）で囲み，日本語になおしなさい。

① Who is the singer that you like the best?

（訳）＿＿＿＿＿＿＿＿＿＿＿＿＿＿＿＿＿＿＿＿＿＿＿＿＿＿＿

② The hotel that we stayed at was near the station.

（訳）＿＿＿＿＿＿＿＿＿＿＿＿＿＿＿＿＿＿＿＿＿＿＿＿＿＿＿

③ This is the cup that my father uses to have coffee.

（訳）＿＿＿＿＿＿＿＿＿＿＿＿＿＿＿＿＿＿＿＿＿＿＿＿＿＿＿

> **ガイド** 先行詞＋▲＋Ｓ＋Ｖ〜＝Ｓが〜する○○　※▲＝省略された目的格の関係代名詞
> the book (which [that]) I bought yesterday（私が昨日買った本）
> the man (who(m) [that]) I met at the party（私がパーティーで会った男の人）
> ※どちらも下線部が省略できる。

184 [前置詞の目的語になる関係代名詞の省略]

（　　　　）内の語句を並べかえて，英文を完成しなさい。

① これは私がさがしていた自転車だ。

This (I / for / the bike / was / is / looking).

＿＿＿＿＿＿＿＿＿＿＿＿＿＿＿＿＿＿＿＿＿＿＿＿＿＿＿＿＿＿

② 私たちが待っているバスはまだ来ていない。

The (we / bus / for / has / are / waiting) not come yet.

＿＿＿＿＿＿＿＿＿＿＿＿＿＿＿＿＿＿＿＿＿＿＿＿＿＿＿＿＿＿

③ 私が興味のある科目は音楽だ。

(I / in / the / am / music / is / subject / interested).

> **ガイド** 先行詞＋▲＋Ｓ＋Ｖ〜 前置詞＝Ｓが〜する○○　※▲＝省略された目的格の関係代名詞
> She is listening to the music.（彼女はその音楽を聞いている。）
> → the music (which [that]) she is listening to（彼女が聞いているその音楽）
> └──── 省略できる

最 高 水 準 問 題
解答 別冊 p.32

185 2つの文の表す内容がほぼ同じになるように，（　）内に適当な1語を入れなさい。

① Who is your favorite singer?

Who is the singer (　　　　) (　　　　) the best?　（東京・城北高）

難 ② This is the letter which was written by him.

This is the letter (　　　　) (　　　　).　（國学院大栃木高）

186 （　）内の語を並べかえて，英文を完成しなさい。

① 私が必要としている本が図書館にはありません。

The (library / need / in / I / not / book / is / the).　（東京・実践学園高）

_____

② 私が韓国で出会った人々は親切でした。

(I / Korea / people / the / were / met / in) nice.　（東京・実践学園高）

_____

難 ③ 彼が何を言っても彼女は怒る。

Everything (mad / makes / he / her / says).　（長崎・青雲高）

_____

④ あなたに話さなければならないことが1つあります。（1語不要）

There (you / I / one / to / must / is / have / tell / thing).　（東京・駒込高）

_____

187 下線部が誤っているものを1つ選び，記号を○で囲みなさい。

① A: ア<u>These are the pictures taken when I visited Hokkaido with my family.</u>

B: Oh, they are very beautiful. イ<u>Who took these pictures?</u>

A: ウ<u>I took them with my new camera.</u> エ<u>This is the camera my father gave it to</u> me.　（神奈川・湘南高）

難 ② Maki ア<u>went to France last summer.</u> She イ<u>will show her grandfather her</u> favorite picture she ウ<u>took it when she was in France.</u> She wants him to have the picture. She hopes that it エ<u>will make him happy.</u>　（東京・国際高）

解答の方針

185,186 〈先行詞（＋省略された関係代名詞）＋ S ＋ V 〜〉の形で「Sが〜する○○」の意味になる。

1 （　）内に入る適当な語句の記号を○で囲みなさい。　(各 2 点, 計 12 点)

① That is the restaurant (　　) visited twenty years ago.

　　ア to　　　　イ has　　　　ウ when　　　　エ I　　　(神奈川県)

② The boys who have stayed at my house for a month (　　) American.

　　ア is　　　　イ are　　　　ウ to be　　　　エ be　　　(東京・富士見丘高)

③ Look at the boy and the dog (　　) are playing over there.

　　ア whose　　イ who　　　ウ which　　　エ that　　(千葉・専修大松戸高)

④ Everything he says (　　) great.

　　ア sound　　イ sounded　　ウ sounds　　エ to sound　(大阪・四天王寺高)

⑤ The old man (　　) yesterday was my best friend's grandfather.

　　ア I saw him　　イ I saw who　　ウ who saw I　　エ I saw　(兵庫・関西学院高等部)

⑥ The man (　　) wanted to work for our school.

　　ア you were talking to　　　　イ whom you were talking

　　ウ you were speaking　　　　エ who you were saying　(神奈川・日本大高)

2 2 つの文の表す内容がほぼ同じになるように, （　）内に適当な 1 語を入れなさい。

(各 4 点, 計 8 点)

① I met a girl. Her hair was long.

　　I met a girl (　　　　) (　　　　) (　　　　) hair.　(兵庫・関西学院高等部)

② English is a language (　　　　) (　　　　) spoken by a lot of people.

　　English is a language a lot of people (　　　　).　(東京・明治学院東村山高)

3 指示に従って書きかえなさい。　(各 5 点, 計 10 点)

① This is a very good story. It makes everyone happy.

　　（2 つの文を関係代名詞を用いて 1 つの文に）　(高知学芸高)

_____

② Mary is a girl with blue eyes. （who を用いて同じ内容の文に）　(神奈川・日本大高)

_____

4 （　　　）内の語句を並べかえて，英文を完成しなさい。　　　　　　　（各4点，計24点）

① 当時私は先生の言うことを何でも信じていました。

In those days (believed / everything / I / told / my / teachers / me).　（広島大附高）

_____

② 昔聞いた曲のタイトルが思い出せないんだ。

I can't remember (of / to / the song / listened / the title / I) a long time ago.

（大阪星光学院高）

_____

③ あなたが昨日貸してくれた本は，私にはとても役立ちました。

(books / lent / me / those / me / to / you / useful / very / were / yesterday).

（長崎・青雲高）

_____

④ A: Now a lot of people have cell phones.

B: They are useful, but I saw some people answering their cell phones on the train this morning.

A: Really?　People (have / use / know / them / to / how / who) and where to use them.　（岩手県）

_____

⑤ A: What languages are you going to learn before you leave Japan?

B: I don't know.　The people in (speak / I'm going / from / go / many / visit / to / the countries / different) languages.（2語不要）

A: I see.　What languages do they speak?　（神奈川・湘南高）

_____

⑥ 彼らは2つの家族が住むことができるような大きな家を建てました。（1語不足）

They built (a house / which / live / to / for / two families / was / big / in).

（東京・城北高）

_____

5 指示に従って英語になおしなさい。　　　　　　　　　　　　　　　　　（6点）

君が彼から聞いた話は本当のはずがない。（9語で）　　　　　（千葉・昭和学院秀英高）

_____

6 次の英文を読んで，あとの問いに答えなさい。[1]～[6]は段落の番号です。

(福岡・東福岡高凾)(①6点，②⑦各4点，③④⑤各5点，⑥3点，計40点)

[1] Do you always eat all the food which is *served to you? Have you ever thought there are many children who can't eat enough in the world? Can you *imagine how their lives are? Don't you want to help these children? I'll introduce an interesting *system to you.

[2] Last month, I went to Tokyo for my work and went into a restaurant for lunch. At the restaurant, I found a special *menu. When I ordered food from the menu, I could help children in Africa. Do you understand how I could help them?

[3] The *secret is the menu. (A)This special menu began in Japan in 2007. The system of this special menu is very simple. If you order food from the menu and pay, some of the money is sent to countries in Africa *automatically. For example, sometimes 20 yen is sent to the countries to help children there. In Japan, 20 yen isn't enough to buy many things, but it is enough for the children in Africa. If they have 20 yen, they can eat lunch.

[4] (B)There are some good points about this system. For Japanese people, the foods aren't so expensive. We can also help (C)[by / far / ordering / children / living / them / away]. Ordering food from the menu is simple enough. For the children in Africa, they can have lunch at school. In Africa, some children have to help their family. So they can't go to school *even if they want to study. They have to stay at home. Also, they can't eat enough at home. If the school serves lunch *for free, their parents may tell them to go to school. Then they can eat lunch and learn how to read and write at school.

[5] Do you know why they thought of this system? It is from something *familiar. It is school lunch. Many years ago, school lunch helped the children who didn't have enough food in Japan. Now (D)it gives food to the children in Africa.

[6] Now you've learned that helping people isn't difficult. We can help people who live in places like Africa if we want to do it. We can do it in easy ways and with familiar things. Why don't you do something for people who need help now in your daily lives?

(注) serve (食事)を出す　imagine ～を想像する　system 仕組み　menu メニュー
secret 秘密　automatically 自動的に　even if たとえ～としても
for free 無料で　familiar よく知られた

① 本文には次の段落が抜けています。この段落が入る位置を下から1つ選び，記号を○で囲みなさい。

Many people in the world were interested in this special menu and it became popular because the system is simple.　Now more than one hundred restaurants are using this special menu in Japan and some restaurants in America started using the menu, too.

　　ア　[2]段落のあと　　イ　[3]段落のあと　　ウ　[4]段落のあと　　エ　[5]段落のあと

② 下線部(A)の仕組みを説明した次の文の空所に，適当なことばを入れなさい。

　　特別なメニューから（　　　　　　）し，支払いをするとアフリカにお金が（　　　　　　）仕組み。

③ 下線部(B)について，日本人にとってどのようなよいことがあるか，適当でないものを下から1つ選び，記号を○で囲みなさい。

　　ア　日本人にとっては，特別なメニューの食事はあまり高くない。

　　イ　特別なメニューから注文することで，遠くに住んでいる子どもを助けられる。

　　ウ　特別なメニューから注文するだけで複雑な手続きは必要ない。

　　エ　食事を終えたあと，子どもから感謝され，お店から記念品をもらえる。

④ 下線部(B)について，アフリカの子どもたちにとってどのようなよいことがあるか，適当なものを下から1つ選び，記号を○で囲みなさい。

　　ア　働くために家にいることができる　　　イ　家で十分に食事をとることができる

　　ウ　学校で食事をとり，読み書きを学べる　　エ　家族を手助けする必要がない

⑤ 下線部(C)の〔　　　　〕内の語を並べかえて，意味の通る英文を完成しなさい。

⑥ 下線部(D)が指すものを，本文中から2語で抜き出しなさい。

⑦ 本文の内容に合う文を下から2つ選び，記号を○で囲みなさい。

　　ア　When the writer visited the restaurant, he found the special menu.

　　イ　20 yen isn't enough for the children in Africa to eat lunch.

　　ウ　The children in Africa don't go to school because they don't like studying.

　　エ　School lunch helps the children in Africa who can't eat enough at home.

　　オ　Ordering food from the special menu is very difficult.

20 when, because など

重要 188 [時を表す接続詞]

[A]の①〜⑤に続くものを[B]のア〜オから1つずつ選び，記号で答えなさい。

[A] ① I played in this park （　　） 　　[B] ア while we have dinner.

② I will wait here 　　　　　（　　） 　　　　　イ before it gets dark.

③ I must go home 　　　　　（　　） 　　　　　ウ when I was a child.

④ I don't watch TV 　　　　（　　） 　　　　　エ after I ran in the park.

⑤ I got very tired 　　　　　（　　） 　　　　　オ until the next bus comes.

> ガイド when S V = S が V するとき 　　　while S V = S が V する間
> before S V = S が V する前に 　　　after S V = S が V したあとに
> until [till] S V = S が V するまで 　　as S V = S が V するとき［につれて］
> (When I was a child,) I lived in Canada. （私は子どものころにカナダに住んでいた。）
> = I lived in Canada (when I was a child).
> 　　　　　主節　　　　　　従属節(修飾語となる節)
> ※接続詞の後ろには〈S + V〉を含む文の形を置く。□□□□□がどちらも完成した文の形になっている点に注意。

189 [as soon as]

（　　）内の語句を並べかえて，英文を完成しなさい。

① 空港に着くとすぐに彼はホテルに電話した。

（ at / he / as / as / arrived / soon ） the airport, he called the hotel.

_____

② 私が家に着くとすぐに雨が降り出した。

（ I / it / to / got / as / as soon / rain / began ） home.

_____

> ガイド as soon as S V = S が V するとすぐに

語句 ① airport 空港 ② get home 家に着く

重要 190 [理由，条件などを表す接続詞]

（　）内に適当な1語を入れて，英文を完成しなさい。

① 彼は病気なので，私たちに加わることができない。

He can't join us (　　　　) he is sick.

② もしそこへ行きたくなければ，あなたは行く必要はありません。

(　　　　) you don't want to go there, you need not.

③ 彼らは貧しいけれど，幸福そうに見える。

(　　　　) they are poor, they look happy.

ガイド because [as] S V = S が V なので　　if S V = もし S が V するなら
though [although] S V = S は V だけれど

語句　① join ～に加わる　③ poor 貧しい

191 [時，条件を表す節中の時制]

（　）内から適当な語句を選び，記号を○で囲みなさい。

① 駅に着いたとき私に電話してください。

Please call me when you (ア get　イ will get) to the station.

② 私は彼が来るまで待つつもりです。

I'll wait until he (ア comes　イ will come).

③ もし明日雨が降れば，私たちはドライブに行きません。

If it (ア rains　イ will rain) tomorrow, we won't go for a drive.

④ もしあなたが手伝ってくれなければ，私はその仕事をしません。

If you (ア don't　イ won't) help me, I will not do the work.

ガイド 時や条件を表す接続詞に続く〈S + V〉の V(動詞)は，未来の内容でも現在形を使う。

語句　① get to ～　～に着く　③ go for a drive ドライブに行く

192 [命令文，and [or] ～]

2つの文の表す内容がほぼ同じになるように，（　）内に適当な1語を入れなさい。

① If you start now, you'll catch the last train.

Start now, (　　　　) you'll catch the last train.

② If you don't put your coat on, you'll catch cold.

Put your coat on, (　　　　) you'll catch cold.

ガイド 命令文, and S will V = ～しなさい，そうすれば S は V するでしょう
命令文, or S will V = ～しなさい，さもないと S は V するでしょう

最高水準問題 ━━━━━━━━━━━━━━━━━━━━━━━━━━━ 解答 別冊 p.35

193 ( )内に入る適当な語句を下から1つ選び，記号を○で囲みなさい。

① ( ) the U.K. is only a small country, it played an important part in history.

ア Although　　イ Because　　ウ If　　エ After　　（東京・明治大付中野高）

② We'll stay at home if it ( ) tomorrow.

ア rain　　イ rains　　ウ will rain　　エ will be rained　　（東京・駒込高）

③ What are you going to do when you ( ) school?

ア left　　イ leave　　ウ will leave　　エ leaving　　（長崎・青雲高）

④ I will let you know as soon as she ( ).

ア arrive　　イ arrives　　ウ will arrive　　エ will have arrived　（神奈川・日本大高）

⑤ A: Hurry up, ( ) you will be late.　B: O.K.　O.K.

ア and　　イ or　　ウ but　　エ so　　（高知学芸高）

⑥ My dog barks as ( ) as a stranger comes in front of the door.

ア often　　イ much　　ウ soon　　エ far　　（大阪星光学院高）

⑦ Why don't you look up the new word in a dictionary ( ) you don't know it?

ア if　　イ while　　ウ so　　エ that　　（千葉日本大第一高）

194 2つの文の表す内容がほぼ同じになるように，( )内に適当な1語を入れなさい。

① The cat saw me and it ran away at once.

The cat ran away as ( ) as it saw me.　　（高知学芸高）

② He has lived in Japan for some time, but he cannot speak Japanese.

( ) he has lived in Japan for some time, he cannot speak Japanese.

（愛媛・愛光高）

③ Start at once, and you will be in time for class.

( ) you don't start at once, you will be ( ) for class.　（東京家政学院高）

④ I enjoyed shopping during my stay in London.

I enjoyed shopping ( ) ( ) ( ) in London.　　（東京農業大第一高）

難 ⑤ Take a number 10 bus, and you will get to Nagasaki Station.

A number 10 bus will ( ) ( ) to Nagasaki Station.　　（長崎・青雲高）

解答の方針

193 ① although は though と同じ意味。　⑥ bark ほえる　stranger 知らない人

194 ① run away 逃げ出す　at once すぐに　③ be in time for ~ ~に間に合う

195 (　　　)内の語句を並べかえて，英文を完成しなさい。

① 英語を話すとき間違いを恐れてはいけません。

(be / of / mistakes / when / afraid / you / don't / making / speak) English.

（群馬・前橋育英高）

_____

難 ② 私たちは留守中，祖父に飼っているネコの面倒を見てもらった。（1語不足）

(while / our grandfather / was / were / our cat / we / looked / by / out).

（福岡・東福岡高）

_____

難 ③ おもしろくさえあれば，どんな本でもいい。

(as / book / it / be / any / long / will / as / fine / is) interesting.　（埼玉・星野高）

_____

難 **196** (　　　)内に適当な1語を入れて，英文を完成しなさい。

暗くならないうちに家に帰ってきなさい。

You must come home (　　　　) (　　　　) (　　　　) (　　　　).　（広島大附高）

197 下線部が誤っているものを1つ選び，記号を○で囲みなさい。②は誤りがなければエを選びなさい。

① Tom ｱwill ｲtell you the truth ｳas soon as he ｴwill come back.　（千葉・専修大松戸高）

② It ｱwon't be long ｲbefore she ｳwill get well again. ｴ誤りなし　（愛媛・愛光高）

198 英語になおしなさい。（②③は下線部のみ）

① 私は家に着くとすぐに英語の勉強を始めました。

（京都・立命館高）

_____

難 ② 君が持っているのと同じコンピューターを買おうと思っているんだけど，僕は機械にうとくてね。

もし買ったら使い方を教えてくれないかな？

（東京・桐朋高）

_____

難 ③ さあ駅へ着きましたよ。乗車券を買いに行く間，このかばんを見ていてくれませんか。

（大阪星光学院高）

_____

解答の方針

195 ① make a mistake 間違える　③「～しさえすれば」の意味を表す接続詞がポイント。

197 ① truth 真実　② get well 元気になる

198 ③「乗車券」は ticket。

21 動詞・形容詞＋ that

 199 [動詞＋ that]

日本語になおしなさい。

① I know that his father is rich.

_____

② My aunt says that she can speak Chinese.

_____

③ I remember that I saw this movie before.

_____

> **ガイド** 動詞＋ that ＋ S V ＝ S が V すると(いうことを)〜する
>
> I know **that** he has a brother.（彼に兄[弟]がいることを私は知っている。）
> 　　　　〜ということ └─── that 以下が know の目的語の働きをする
>
> hear that S V ＝ S が V する[だ]と聞く
> hope that S V ＝ S が V する[だ]と願う
> know that S V ＝ S が V する[だ]と知っている
> remember that S V ＝ S が V した[である]ことを覚えている
> say that S V ＝ S が V する[だ]と言う
> think that S V ＝ S が V する[だ]と思う

200 [that の省略]

例にならって，that が省略されている箇所の前後の語に下線を引きなさい。また，全文を日本語になおしなさい。

（例）I <u>know</u> <u>he</u> has a brother.（彼に兄[弟]がいることを私は知っている。）

① Do you think she will come to the party?

_____

② I hear you play the guitar very well.

_____

③ We hope it will be sunny next Sunday.

_____

> **ガイド** 接続詞の that は，話し言葉では省略することが多い。

語句 ② guitar ギター　③ sunny 晴れている

201 〉[be 動詞＋形容詞＋ that]

(　　　)内の語句を並べかえて，英文を完成しなさい。

① 私は彼女からメールをもらってうれしかった。

I (an e-mail / that / was / got / happy / I) from her.

_____

② 明日は雨が降るのではないかと思う。

I'm (rain / that / tomorrow / will / afraid / it).

_____

③ 彼がここに来られないことを残念に思う。

I (that / can't / am / come / he / sorry) here.

_____

> ガイド　感情・判断を表す形容詞＋ that ＋ S V ＝ S が V することが[を]～だ
> be afraid (that) S V ＝ S が V するの[なの]ではないかと心配する
> be glad [happy] (that) S V ＝ S が V して[で]うれしい
> be surprised (that) S V ＝ S が V して[で]驚く
> be sorry (that) S V ＝ S が V して[で]残念だ
> be sure (that) S V ＝ S が V する[だ]と確信している

重要　202 〉[時制の一致]

下線部の語を過去形にして全文を書きかえたとき，(　　　)内に適当な1語を入れなさい。

① I think that the restaurant is closed.
　　→ I (　　　　) that the restaurant (　　　　　) closed.
② I know they are going to travel to India.
　　→ I (　　　　) they (　　　　) going to travel to India.
③ I am sure that he will help us.
　　→ I (　　　　) sure that he (　　　　) help us.
④ I don't think the TV program is interesting.
　　→ I (　　　　) (　　　　　) the TV program (　　　　) interesting.

> ガイド　that の前の動詞が過去形のときは，that の後ろの動詞も過去形にする。これを「時制の一致」と言う。
> I think (that) he is sick.（彼は病気だと私は思う。）
> I thought (that) he was sick.（彼は病気だと私は思った。）
> ※「病気だった」とは訳さない。「私が思った」のと「彼が病気だった」のは同じ時点。

語句　① closed 閉まっている　② travel 旅行する　India インド

最高水準問題 解答 別冊 p.36

203 （　　）内に適当な1語を入れて，英文を完成しなさい。

① その話が本当だとは信じられない。

I can't (　　　　) (　　　　) the story is true.

② そのチームが試合に負けるとは予想していなかった。

I didn't expect that the team (　　　　) lose the game.

③ 私はそのテストに合格しないのではないかと思う。

I'm (　　　　) I won't pass the test.

④ 彼は私を助けてくれるだろうと思った。

I hoped (　　　　) he (　　　　) help me.

難 ⑤ 私は彼に駅までの道を知っているか尋ねました。

I asked him (　　　　) (　　　　) (　　　　) (　　　　) (　　　　) to the
station.
（千葉・昭和学院秀英高）

204 2つの文の表す内容がほぼ同じになるように，（　　）内に適当な1語を入れなさい。

① I am sure of his success.

I am sure (　　　　) he (　　　　) succeed.

② I remember seeing this movie long ago.

I remember I (　　　　) this movie long ago.

③ I was glad to get a letter from her.

I was glad (　　　　) I (　　　　) a letter from her.

④ I'm sorry I'm late.

I'm sorry (　　　　) being late.

難 ⑤ The boy said, "I can speak Japanese a little."

The boy said that (　　　　) (　　　　) speak Japanese a little.

難 ⑥ I hear that the teacher will leave our school.

They (　　　　) that the teacher will leave our school.

解答の方針

203 ⑤「〜かどうか」という意味の接続詞は if または whether。

204 ① be sure of 〜　〜を確信している　⑤ I は別の語にかわる。　⑥「〜だそうだ」という表現。

205 下線部が誤っているものを１つ選び，記号を○で囲みなさい。

I thought ア<u>that</u> イ<u>it is</u> ゥ<u>very important</u> ェ<u>to study</u> ォ<u>English</u>.　(東京農業大第一高)

206 (　　　)内の語句を並べかえて，英文を完成しなさい。

① 彼は，明日は晴れるだろうと言った。（１語不要）

(that / it / will / he / would / be / said / fine) tomorrow.　(茨城・常総学院高)

_____

② 彼女は先週からずっと病気で寝ていると，私は思います。

I(been / since / am / ill / has / that / she / bed / in / afraid) last week.

(埼玉・聖望学園高)

_____

③ 私たちの乗るバスは時間通りに来ると思いますか。

(our bus / time / you / will / think / do / on / come)?

_____

④ 日本製の車は世界中で使われているそうです。（１語不足）

(that / in Japan / hear / are / all / I / used / the world / cars / over).

(大阪・清風高)

_____

難 ⑤ 彼の顔つきを見たらあなたを怖がっているのがわかります。（１語不足）

His (is / look / that / he / afraid / you / you / of).　(福岡・西南学院高)

_____

207 英語になおしなさい。①は(　　　)内の指示に従うこと。

① 遊ぶことは勉強することと同じくらい大切だと私の父はよく言います。（as を用いて）(愛知・滝高)

難 ② 新聞によると明日は大雪になるということだ。彼女は息子が試験に遅れないかと心配している。

(智弁学園和歌山高)

_____

_____

解答の方針

206 ② be ill in bed 病気で寝ている　③ on time 時間通りに

207 ① My father で文を始める。　② 最初の文は The newspaper で始める。

22 仮定法

重要 208 > [if を使った仮定法]

[   ]内の語を適切な形にして，空所に入れなさい。

① もしたくさんお金を持っていたら，新しいコンピューターを買えるのに。

   If I (   ) a lot of money, I could buy a new computer.　[have]

② もし私が金持ちなら，世界旅行をするのに。

   If I (   ) rich, I would travel around the world.　[be]

③ もし100万円が手に入ったら，あなたは何をしますか。

   What (   ) you do if you (   ) one million yen? [will, get]

> ガイド　現在の事実の反対や未来に起こる可能性が低いことを仮定して，「～ならいいのに」などの意味を表すことがある。if を使った文の基本形は次のとおり。
> If S₁ V₁[動詞の過去形], S₂ V₂[would / could ＋動詞の原形].
> ① もし S₁ が V₁ なら，S₂ は V₂ する[できる]のに(実際はそうではない)。《現在の事実とは逆の願望などを表す》
> ② もし S₁ が V₁ なら，S₂ は V₂ する[できる](かもしれない)。《(可能性は低いが)未来に起こるかもしれないことに対する願望などを表す》
> ※ V₁ が be 動詞のときは，主語が何であっても were を使うのが原則。

語句　million 百万　yen 円

209 > [I wish を使った仮定法]

(   )内に適当な語を入れて，英文を完成しなさい。

① 彼女がぼくの恋人ならいいのに。

   I wish she (   ) my girlfriend.

② 英語を流ちょうに話せればいいのに。

   I wish I (   ) speak English fluently.

> ガイド　I wish は次のように使う。
> I wish S V[動詞の過去形] ＝ S が(今)～すれ[であれ]ばいいのに(実際はそうではないのが残念だ)
> ※ V は〈could ＋動詞の原形〉のこともある。たいていは I wish I could ～の形で「～できればいいのだが(実際にはできない)」の意味を表す。また，be 動詞は主語が何であっても were を使うのが原則。

語句　fluently 流ちょうに

最 高 水 準 問 題 ────────────────────────────── 解答 別冊 p.37

210 （　　　）内に適当な1語を入れて，英文を完成しなさい。

① もし彼女の電話番号を知っていれば，彼女に電話をかけるのに。

　If I (　　　　) her phone number, I (　　　　) call her.

② もしぼくが君なら，その辞書を買うだろう。

　If I (　　　　) you, I (　　　　) buy the dictionary.

③ もし彼がノーと言ったら，あなたはどうしますか。

　What (　　　　) you do if he (　　　　) no?

④ 自転車で通学できればいいのに。

　I (　　　　) I (　　　　) go to school by bicycle.

211 2つの文がほぼ同じ内容を表すように，（　　　）内に適当な1語を入れなさい。

① I don't have a tent, so I can't go camping.

　If I (　　　　) a tent, I (　　　　) go camping.

② I'm not good at sports, so I won't join the soccer club.

　If I (　　　　) good at sports, I (　　　　) join the soccer club.

③ It's cloudy, so we can't see Mt. Fuji.

　We (　　　　) see Mt. Fuji if it (　　　　) cloudy.

難 **212** 次の文を英語になおしなさい。

① もし学校の近くに住んでいれば，私は遅刻しないだろう。

──

② 時間があればあなたをお手伝いできるのですが。

──

③ 1日が30時間あればなあ。

──

解答の方針

211 ① tent テント　go camping キャンプに行く

23 both A and B など

（解答）別冊 p.38

標 準 問 題

重要 **213** 〉 [both A and B]

（　　）内に適当な1語を入れて，英文を完成しなさい。

① 弟も私も中学生です。

（　　　　　） my brother （　　　　　） I are junior high school students.

② その歌手は日本だけでなく韓国でも人気がある。

The singer is popular both in Japan （　　　　） （　　　　） Korea.

> ガイド　both A and B ＝ A も B も両方
> Both Tom and Ken **like** [×likes] soccer. （トムもケンも2人ともサッカーが好きです。）
> └──→ 主語は複数と考える

重要 **214** 〉 [either A or B など]

（　　）内に適当な1語を入れて，英文を完成しなさい。

① ビルか私かのどちらかに電話してください。

Please call （　　　　） Bill （　　　　） me.

② エミリーも彼女のお姉さんもどちらもパーティーに来ませんでした。

（　　　　） Emily （　　　　） her sister came to the party.

③ 私は本も読まないし映画も見ません。

I （　　　　） read books （　　　　） see movies.

> ガイド　either A or B ＝ A か B かのどちらか　　neither A nor B ＝ A も B もどちらも～ない
> Either Tom or Ken **has** [×have] to go. （トムかケンのどちらかが行かねばならない。）
> └──→ 動詞は B（Ken）に対応させる

215 〉 [not A but B]

日本語になおしなさい。

① She is not an English teacher but a math teacher.

_____

② I go to school not by bus but by bike.

_____

> ガイド　not A but B ＝ A ではなく B　※but は「しかし」とは訳さない。

216 〉[not only A but also B]

(　　　)内の語句を並べかえて，英文を完成しなさい。

① 彼は数学だけでなく理科も得意だ。

He is good at (math / science / also / not / but / only).

② 彼女は英語だけでなく中国語も話せる。

She can (English / Chinese / but / speak / only / not).

③ 生徒たちだけでなく先生も疲れていた。

(the students / the teacher / only / but / also / not) was tired.

> ガイド　not only A but (also) B = A だけでなく B も
> Not only Tom but Ken **has** [×have] to go. （トムだけでなくケンも行かねばならない。）
> └──→ 動詞は B(Ken)に対応させる

重要 217 〉[so ～ that ...]

例にならって，so と that を使った文に書きかえなさい。

（例）I was very hungry, so I couldn't walk.

　　→ I was so hungry that I couldn't walk.

① The DVD was very exciting, so I couldn't stop watching it.

② I went to bed early, because I was very sleepy.

③ I was too tired to study.

④ The story was too strange for us to believe.

> ガイド　so ～ that S V = とても～なので S は V する
> so ～ that S can't V = とても～なので S は V できない
> ※次の形で言いかえられる。
> too ～(for ＋人)＋不定詞 = ((人)が)…するには～すぎる，～すぎて…できない

最高水準問題 ———————————————————————— 解答 別冊 p.38

218 （　　）内に適当な語句を下から１つ選び，記号を○で囲みなさい。

① (　　　) my mother and my sister like to invite people to our house.

ア All　　イ Either　　ウ Both　　エ Between　　　　（兵庫・関西学院高等部）

② These TV programs are great not only for kids (　　) also for adults who want to know about the many problems in this country.

ア and　　イ though　　ウ but　　エ because　　　　（千葉・成田高）

難 ③ I don't like this watch, and (　　　).

ア I don't like that one, either　　イ I like that one, either

ウ I don't like that one, neither　　エ I don't like that one, too

（神奈川・日本大高）

219 ２つの文の表す内容がほぼ同じになるように，（　　）内に適当な１語を入れなさい。

① Jiro can speak French well. Keiko can speak it well, too.

(　　　) Jiro (　　　) Keiko can speak French well.　　　（東京・実践学園高）

② I went to bed early last night because I was very tired.

I was (　　　) tired (　　　) I went to bed early last night.　　（東京・駒込高）

③ Both John and Mary didn't win the first prize.

(　　　) John (　　　) Mary won the first prize.　　（東京・中央大附杉並高）

難 ④ She speaks not only English but also Chinese.

She speaks Chinese as (　　　) as English.

難 ⑤ David saved $10,000 (　　　) travel abroad.

David saved $10,000 (　　　) (　　　) he (　　　) travel abroad.

（東京・明治学院東村山高）

220 指示に従って書きかえなさい。

The question was too difficult for me to answer.

（so ～ that ... を用いて同意の文に）　　　　（神奈川・日本大高）

———

解答の方針

218 ② program 番組　kid 子ども　adult 大人

219 ③ win ～を勝ち取る（過去形は won）　⑤ save ～を貯金する　abroad 外国へ

221 ( )内に適当な1語を入れて，英文を完成しなさい。

① その兄弟のどちらもスポーツは得意ではない。

( ) of the brothers is good at sports.

② 私はバスでなく歩いて通学しています。

I come to school not by bus ( ) ( ) foot.

③ とても暑い日だったので，私は一日中家にいた。

It was ( ) a hot day that I stayed at home all day.

222 ( )内の語句を並べかえて，英文を完成しなさい。

① この映画はおもしろいので，日本では有名にちがいない。

(movie / must / interesting / in / that / famous / so / this / Japan / be / it / is). 〈佐賀・東明館高〉

② とても暑かったので，窓を開けておいた。

(hot / open / I / was / the window / it / that / kept / so). 〈東京・江戸川女子高〉

③ 私はあなたの気持ちだけでなく，自分自身の気持ちも傷つけてしまいました。(1語不足)

(your / I / not / but / mine / hurt / feelings / also). 〈東京・城北高改〉

④ 私の母だけでなく姉も，金子みすゞによって書かれた詩が大好きである。(1語不要)

My sister (my mother / as well as / of / is / are / fond / written / the poem / by) Misuzu Kaneko. 〈千葉・日本大習志野高〉

223 下線部を英語になおしなさい。

① A: It was terribly cold yesterday.

B: Yes, it was. 寒くて外に出なかったよ。 〈東京・筑波大附高〉

② A: What were you asked in the interview?

B: Don't ask me. すごく緊張しちゃって，なにも答えられなかったの。 〈東京・筑波大附高〉

解答の方針

221 ③ 後ろに名詞があるときは so は使えない。　222 ② 〈keep + O + C〉O を C のままにしておく
③ hurt ～を傷つける　④ be fond of ～　～が好きだ　223 ②「緊張している」は nervous.

24 前置詞

重要 224 〉[前置詞の働き]

( )内の語句を並べかえて，英文を完成しなさい。

① あの髪の長い女の子はだれですか。

Who is (hair / that / long / girl / with)?

_____

② この絵をかべにかけなさい。

(the wall / this / put / on / picture).

_____

③ かべにかかっている絵はとても古い。

(the / the wall / picture / very old / on / is).

_____

> ガイド 前置詞で始まる語句は，形容詞や副詞と同じ働きをする。
>
> The book on the desk is mine. （机の上の本は私のです。）
> 　　　　└─────┘ 名詞を修飾する＝形容詞の働き
>
> He put the book on the desk. （彼はその本を机の上に置いた。）
> 　　　　　　　└─────┘ 動詞を修飾する＝副詞の働き

225 〉[前置詞の意味]

( )内に適当な1語を入れて，英文を完成しなさい。

① 土曜日の3時に会いましょう。

Let's meet ( ) three ( ) Saturday.

② たくさんの鳥が湖の上を飛んでいる。

A lot of birds are flying ( ) the lake.

③ 私はバスで学校に来ている。

I come ( ) school ( ) bus.

④ 中古車を売ることによってお金をもうける人々もいる。

Some people make money ( ) selling used cars.

> ガイド 時を表す前置詞：after, at, before, during, for, from, in, near, on など
> 　　　場所を表す前置詞：at, in, into, on, over, under など
> 　　　手段・目的を表す前置詞：by, for, in, with, without など

226 〉 [連語の前置詞]

下線部に適当な語句を入れて，英文を完成しなさい。

① 門の前に車がとまっている。

There is a car _____ the gate.

② 雨のために私たちは野球をすることができなかった。

We could not play baseball _____ the rain.

③ 写真の中であなたとケンの間にいる男の子はだれですか。

Who is the boy _____ in the photo?

④ 大勢の人が映画館から出て来ている。

Many people are coming _____ the movie theater.

> ガイド　because of ～（～のために）　　　between A and B（A と B の間に）
> 　　　　from A to B（A から B まで）　　　in front of ～（～の前に）
> 　　　　instead of ～（～の代わりに）　　　out of ～（～から外へ）

重要　227 〉 [動詞と結びつく前置詞(1)]

(　　)内に適当な1語を入れて，英文を完成しなさい。

① あの先生はどこの出身ですか。

Where does that teacher come (　　　　)?

② 私は弟の世話をしている。

I look (　　　　) my little brother.

③ 何をさがしているの？

What are you looking (　　　　)?

④ 私を待つ必要はありません。

You don't have to wait (　　　　) me.

⑤ ジムはお父さんにそっくりだ。

Jim looks just (　　　　) his father.

⑥ 私たちは5月10日にロンドンに向けて出発した。

We left (　　　　) London (　　　　) May 10.

⑦ 私はあなたに賛成しません。

I don't agree (　　　　) you.

> ガイド　arrive at ～（～に到着する）　　come from ～（～の出身だ）　listen to ～（～を聞く）
> 　　　　look after ～（～の世話をする）　look at ～（～を見る）　　look for ～（～をさがす）
> 　　　　look like ～（～のように見える，～に似ている）　　　　　wait for ～（～を待つ）

228 〉[動詞と結びつく前置詞⑵]

（　　　）内の語句を並べかえて，英文を完成しなさい。

① 私たちは先生に助けを求めた。　We (our teacher / for / asked / help).

_____

② だれがその犬の世話をするのでしょうか。

Who (the / of / will / care / dog / take)?

_____

③ 私はそのイベントに参加する予定だ。

I'm (in / part / to / going / take) the event.

_____

ガイド	ask A for B（A に B を求める）	help A with B（A の B を手伝う）
	catch up with ～（～に追いつく）	look forward to ～（～を楽しみに待つ）
	take care of ～（～の世話をする）	go for a walk（散歩に行く）

重要 229 〉[形容詞と結びつく前置詞]

（　　　）内から適当な語を選び，記号を○で囲みなさい。

① 私の意見はあなたの意見とはちがう。

My opinion is different (ア to　 イ from　 ウ in) yours.

② 私たちは学校に遅刻しそうだ。

We are going to be late (ア for　 イ to　 ウ of) school.

③ このバッグの中は本でいっぱいだ。

This bag is full (ア in　 イ of　 ウ with) books.

ガイド	be absent from ～（～を欠席する）	be afraid of ～（～をこわがる）
	be different from ～（～と異なる）	be famous for ～（～で有名だ）
	be full of ～（～でいっぱいだ）	be good at ～（～が得意だ）
	be late for ～（～に遅れる）	be proud of ～（～を誇りに思う）

230 〉[前置詞を含む重要語句]

（　　　）内に適当な1語を入れて，英文を完成しなさい。

① あなたは1人でこの宿題をしたのですか。

Did you do this homework by (　　　　　)?

② 私は学校から家に帰る途中で子犬を見つけた。

I found a small dog (　　　　　) my way home (　　　　　) school.

ガイド	by oneself（1人で，独力で）	for oneself（独力で，自分のために）
	for example（たとえば）	on one's way home（家へ帰る途中で）

最高水準問題 ── 解答 別冊 p.40

231 （　　）内に入る適当な語句を下から１つ選び，記号を○で囲みなさい。

① My mother will come back (　　　) a few minutes.

　　ア on　　　　イ for　　　　ウ at　　　　エ in　　　　　　　　　　（東京・城北高）

② You must finish the work (　　　) next Tuesday.

　　ア at　　　　イ in　　　　ウ by　　　　エ till　　　　　　　　　（京都・大谷高）

③ A: How can I get to the library?

　　B: Well, turn left at the first traffic light and you'll see it (　　　) your right.

　　ア for　　　イ with　　　ウ on　　　エ into　　　　　　　　　　（福島県）

④ A: Excuse me. Can you tell me where the police station is?

　　B: I'm sorry, I don't know. I'm not (　　　) this area.

　　ア late for　　　　　　イ tired of

　　ウ familiar with　　　エ different from　　　　　　　（東京・明治大附明治高）

232 （　　）内に適当な１語を入れて，英文を完成しなさい。

① その計画に賛成ですか反対ですか。

　　Are you for or (　　　　　) the plan?　　　　　　　　　　（愛知・滝高）

難 ② 口にいっぱいものを入れたままで，話してはいけません。

　　You must not talk (　　　　　) your mouth (　　　　　).　　（埼玉・西武学園文理高）

233 ２つの文の表す内容がほぼ同じになるように，（　　）内に適当な１語を入れなさい。

① My father usually walks to his office.

　　My father usually goes to his office (　　　　) (　　　　).　　（京都・大谷高）

② My father flies to China three times a year.

　　My father goes to China (　　　　) (　　　　) three times a year.

　　　　　　　　　　　　　　　　　　　　　　　　　　　　　　（東京・日本大第三高）

③ Fourteen-year-old boys are often as tall as their fathers.

　　Boys often become as tall as their fathers (　　　　) the (　　　　) of fourteen.　　　　　　　　　　　　　　　　　　　　　　　　（東京・城北高）

難 ④ We see a lot of foreigners in Tokyo.

　　We see a lot of people (　　　　) (　　　　) in Tokyo.　　（東京・早稲田実業高）

解答の方針
──────────────────────────────────────

231 ①「数分で[数分たてば]」　②「次の火曜日までに」　③ traffic light 信号(機)　④ police station
　　警察署　area 地区，地域

233 ② fly （飛行機で）飛ぶ

234 （　　　）内の語句を並べかえて，英文を完成しなさい。

① (at / between / boys / girl / look / singing / the / those / two).　　（大阪・関西大倉高）

_____

② お父さんの車は故障しているよ。

(wrong / there / my father's car / something / is / with).　　（広島・近畿大附東広島高）

_____

③ 彼女が毎朝散歩に連れていく犬は，道ばたの草を食べるのが好きだ。

(walk / takes / she / a / dog / for / the) every morning likes eating the grass by the road.　　（東京・中央大附高）

_____

④ 外食ばかりしてないで，自炊でもしたらどうかといつも言っているでしょ。

I'm always (home / of / you / cook / out / to / at / instead / telling / eating).　　（大阪星光学院高）

_____

⑤ 花を持っている男性の隣に座っている女性はだれですか。（1語不要）

(the　man / is / next　to / in　his　hand / who / that / the　woman / a flower / sitting / with)?　　（福岡・西南学院高）

_____

難 ⑥ 私はあなたからの便りを楽しみにしています。（2語不足）

(am / forward / hearing / I / to / you).　　（広島大附高）

_____

⑦ 彼には私の父を思い出させてくれる多くの点があった。

(were / many　things / reminded / about / which / there / him / me　of)　my father.　　（東京・明治大付明治高）

_____

難 ⑧ 最近の研究で，涙とストレスに深い関係があることがわかっています。

(and / a strong relationship / shown / is / there / between / tears / have / recent studies) stress.　　（東京・明治大付明治高）

_____

解答の方針

234 ④ instead of～　～の代わりに　⑤「持っている」は with で表す。　⑥ 補う2語のうち1つは前置詞。
⑦ remind は「(人)に思い出させる」という意味。　⑧ relationship 関係　tears 涙　recent 最近の

235 下線部とほぼ同じ意味を表す語句を１つ選び，記号を○で囲みなさい。

① Natsumi will come here <u>before long</u>.

    ア repeatedly   イ later   ウ surely   エ soon   （千葉・日本大習志野高）

② You never get anything <u>free</u>.

    ア for nothing   イ with pleasure

    ウ on business   エ for fun

③ Takeo <u>went through</u> hard times when he was younger.

    ア tried   イ enjoyed   ウ reported   エ experienced

236 各組の（　　　）内に共通する１語を入れなさい。

① I like some sports; tennis, (　　　　　) example.

  We have been waiting (　　　　　) Bill for about an hour.   （東京・郁文館高）

② What (　　　　) is it now?

  He is in (　　　　) for the meeting.   （東京・郁文館高）

③ Will you please (　　　　　) after my bag for a while?

  I called her name but she didn't (　　　　　) back.   （東京・開成高）

🔴難 ④ I was late for school (　　　　　) account of an accident.

  I read three books a month (　　　　　) average.   （東京・開成高）

⑤ (　　　　　) a teammate, he is always nice to me.

  We don't have expensive dogs such (　　　　　) poodles or chihuahuas at this shop.   （東京・中央大附高）

237 下線部が誤っているものを１つ選び，記号を○で囲みなさい。④は誤りがなければエを選びなさい。

① I <u>ア am looking</u> forward to <u>イ hear from</u> my grandmother <u>ウ living</u> <u>エ in</u> Nagano.

    （大阪桐蔭高）

② I will be <u>ア fifteen</u> years old <u>イ in</u> April 1, but I will be a high school student <u>ウ like</u> other students <u>エ this</u> spring.   （神奈川・光陵高 改）

🔴難 ③ I'm <u>ア going</u> shopping <u>イ to the supermarket</u>. When Tom <u>ウ calls me</u>, please <u>エ tell him</u> I'll be back <u>オ by six</u>.   （智弁学園和歌山高）

④ Yesterday he <u>ア didn't come</u> <u>イ to school</u> <u>ウ because of sick</u>. <u>エ 誤りなし</u>   （愛媛・愛光高）

〔解答の方針〕

235 ① repeatedly くり返して　surely 必ず　② with pleasure 喜んで　③ report 〜を報告する

236 ⑤ teammate チームメイト　poodle プードル　chihuahua チワワ

1 （　　）内に入る適当な語句を下から1つ選び，記号を○で囲みなさい。　(各2点，計12点)

① I have to finish my homework (　　) tomorrow.

ア of　　　　　イ until　　　　ウ by　　　　　エ on　　　(茨城・江戸川学園取手高)

② You must stay home (　　) I get back from the dentist.

ア by　　　　　イ until　　　　ウ before　　　エ to　　　(東京・中央大附高)

③ She is (　　) of her daughter's success.

ア surprised　イ proud　　　ウ worried　　エ happy　　(岡山白陵高)

④ She said she would contact me, but she (　　).

ア neither wrote nor called　　イ either wrote or called

ウ both wrote and called　　　エ not only wrote but also called

(岡山白陵高)

⑤ My brother studied hard all (　　) the night to pass the exam.

ア through　　イ from　　　　ウ above　　　エ into　　(栃木・作新学院高)

⑥ As soon as Mary (　　) to my house, we will start to cook a cake for her.

ア gets　　　　イ is getting　ウ will get　　エ got　　(千葉日本大第一高)

2 2つの文がほぼ同じ内容を表すように，（　　）内に適切な1語を入れなさい。　(各2点，計14点)

① My mother was a nurse. My grandmother was a nurse, too.

(　　　　) my mother and my grandmother (　　　　) nurses.　(東京・江戸川女子高)

② My uncle always drives to his office.

My uncle always goes to his office (　　　　) (　　　　).　(大阪・清風高)

③ John looked after my cat last month.

John (　　　　) care (　　　　) my cat last month.　(東京・専修大附高)

④ Hurry up, or you will not be able to catch the bus.

(　　　　) you don't hurry up, you will (　　　　) the bus.　(東京・中央大学高)

⑤ Jennifer left the light on before she went to bed.

Jennifer forgot to turn (　　　　) the light before (　　　　) to bed.

(大阪星光学院高)

⑥ Jack never goes out without his dog.

(　　　　) time Jack goes out, he is (　　　　) his dog.　(大阪星光学院高)

⑦ He is a very kind boy, so he always helps other people.

He is (　　　　) (　　　　) (　　　　) boy (　　　　) he always helps other

people. （東京・豊島岡女子学園高）

3 下線部が誤っているものを1つ選び，記号を○で囲みなさい。 （各2点，計10点）

① ｱ<u>If you</u> ｲ<u>will be</u> interested, I ｳ<u>will send</u> ｴ<u>you</u> a catalog. （大阪桐蔭高）

② Either tea ｱ<u>or</u> coffee ｲ<u>come</u> ｳ<u>with</u> the breakfast meals ｴ<u>at</u> this restaurant.

（神奈川・慶応義塾高）

③ ｱ<u>While</u> ｲ<u>my</u> absence yesterday, my teacher called me to talk about ｳ<u>my</u> low

score in ｴ<u>the</u> math test. （神奈川・慶応義塾高）

④ I'm ｱ<u>going</u> ｲ<u>shopping</u> ｳ<u>to</u> Hong Kong ｴ<u>with</u> my cousin. （東京・明治大付属中野八王子高）

⑤ The number of ｱ<u>companies that</u> ｲ<u>want people</u> can ｳ<u>speak English</u> ｴ<u>is</u>

<u>increasing</u>. （奈良・帝塚山高）

4 (　　　)内に適当な1語を入れて，英文を完成しなさい。 （各2点，計4点）

① 電車は大雨のために20分遅れました。

The train was delayed by 20 minutes (　　　　) (　　　　) a heavy rain.

（埼玉・西武学園文理高）

② ついに彼はその山の登頂に成功しました。

In the (　　　　), he succeeded (　　　　) climbing the mountain.

（神奈川・桐光学園高）

5 [　　　]内の語句を並べかえて，英文を完成しなさい。 （各4点，計8点）

① A: Your husband is a very good person. How did you meet him?

B: I met him at Forest Lake High School [working / he / an assistant

teacher / as / was / while] there. （東京・錦城高）

_____

② A: Look! People are dancing over there! Can I join them?

B: Sure. [take / anyone / the _bon-odori_ / wants / in / who / part / to]

welcomed in our town. （1語不足） （東京・豊島岡女子学園高）

_____

6 次の会話文について，下線部の日本語を（　　）内の語を用いてそれぞれ4〜8語の英語になおしなさい。ただし，（　　）内の語は必要ならば形を変えること。　　　　(各4点, 計20点)

Mary: You look pale, John.　Did you sleep well?

John: Not really.　I had a *nightmare about the accident I experienced.

Mary: You are safe now.　You don't need to worry.

John: I know but ①どうしてもそのことについて考えてしまうんだ(stop).

Mary: Maybe it's good to think about something else.

John: Well ... *I wish I could, but it's difficult for me.　②何をすべきか分からない(should).

Mary: OK.　I'll help you.　Look outside!

John: Oh! It's snowing! I like snow.　③それは故郷を思い出させてくれるんだ(of).

Mary: Great! Could you tell me about it?

John: I had a great childhood there.　There were many kind people.　Thinking about my hometown is fun.　④そうすると僕は幸せな気持ちになるんだ(make).

Mary: Are you feeling better now?

John: Yes.　I'll be able to sleep well tonight.

Mary: ⑤それを聞いて嬉しいわ(hear).

John: Thank you.　　　　　　　(注) nightmare 悪夢　I wish I could できればいいんだけれど

① _____.

② _____.

③ _____.

④ _____.

⑤ _____.

7 次の文を英語になおしなさい。　　　　　　　　　　　　　　(各4点, 計12点)

① 暗くならないうちに家に帰りなさい。　　　　　　　　　　　　　　(東京・桜美林高)

_____

② もし明日あなたが忙しいのなら，私が彼の宿題を手伝いましょうか。(with を使って)(広島・修道高)

_____

③ 私は，英語だけでなくフランス語も話す少年に偶然会った。(happened, spoke, but を使って)

(神奈川・桐光学園高)

_____

8 次の英文を読んで，下の問いに答えなさい。　(愛知・東海高) (①③各4点，②④各6点，計20点)

(1)人々はずっと，海は食物の無限の源であると考えてきた。　Today, however, there are clear signs that the oceans actually have a limit.　Most of the big fish in our oceans — including many of the fish we love to eat — are now gone.　One main reason is overfishing.　(2)People are taking so many fish from the sea that fish cannot produce eggs quickly enough to keep up their numbers.　How did this problem start? And what is the future for fish?

For centuries, local* fishermen caught only enough fish for their families and their communities.　They used traditional tools like spears* and hooks* that targeted a single fish at a time.　However, in the mid-20th century, more people around the world got interested in fish as a source of protein* and healthy fats*.　(3)So governments gave money and other help to the fishing industry.

After that, the fishing industry grew.　◻◻◻(4)◻◻◻　These technologies included sonar* to find fish, and dragging* large nets along the ocean floor.　Because of these technologies, large fishing companies were able to catch many more fish than local fishermen.

　　(注) local 地方の　　spear やり　　hook 釣針　　protein たんぱく質　　fat 脂肪
　　　　sonar 水中音波探知機　　drag ～を引く

① 下線部(1)を英語に訳しなさい。

　_____

② 下線部(2)を日本語に訳しなさい。

　_____

　_____

③ 下線部(3)を日本語に訳しなさい。

　_____

④ (4)に入るように下の各英文を並べ替え，順番を記号で答えなさい。
　　ア　They sold the fish around the world and made a lot of money.
　　イ　Large fishing companies began catching a lot of fish.
　　ウ　And they started using new technologies that made fishing easier.
　　(　　　) ― (　　　) ― (　　　)

25 間接疑問

（解答）別冊 p.43

標 準 問 題

重要 238 〉[間接疑問の形]

例にならい，1つの文にまとめなさい。

（例）I don't know ... What is this? → I don't know what this is.

① I know ... Why was he absent from school?

→ _____

② Do you know ... Who is that man?

→ _____

③ Please tell me ... When does the next bus come?

→ _____

ガイド　疑問文がより大きな文の一部になったものを，間接疑問と言う。間接疑問は〈疑問詞 + S + V〉の語順になる。

間接疑問
What <u>is</u> <u>this</u>? → I don't know [what <u>this</u> <u>is</u>].
　　V　S　　　　　　　　　　　　　S　V

239 〉[間接疑問の意味と働き]

（　　　）内の語を並べかえて，英文を完成しなさい。

① どこに住んでいるのですかと私は彼に尋ねた。

I asked (he / him / lived / where).

_____

② この魚は何と呼ばれているのかを教えてください。

Please tell me (fish / called / what / this / is).

_____

③ だれがこれらの花を持ってきたのか知っていますか。

Do you (these / know / brought / who / flowers)?

_____

ガイド　間接疑問は全体として名詞の働きをし，主語や目的語になる。

I don't know <u>who he is</u>.（彼がだれなのかを私は知らない。）
　　　　　└── know の目的語

間接疑問は「時制の一致」を受ける。（→ p.103）

I <u>didn't</u> know who he <u>was</u>.（彼がだれなのかを私は知らなかった。）
　過去形　　　　　　　　　過去形

最 高 水 準 問 題 ──────────────────── 解答 別冊 p.43

240 （　　　）内の語句を並べかえて，英文を完成しなさい。

① 先生はその男の子に，今朝，何時に起きたのか尋ねた。

(he / asked / got up / what time / the boy / the teacher / this morning).

（東京・郁文館高）

──────────────────────────────────

② A: Hi, Takashi. This is Rei. How are you?

　 B: I'm not so good.   Do you (long / how / know / have / in / been / was / I) bed? For a week! (1語不要)

　 A: That's too bad. I hope you get well soon.

　 B: Thank you. Bye.

（神奈川・多摩高）

──────────────────────────────────

③ A: You look very angry. What happened?

　 B: I (Mike / he / why / laughing / me / was / asked).   But he said nothing. (1語不足)

　 A: I see.

（東京・豊島岡女子学園高）

──────────────────────────────────

241 （　　　）内に適当な1語を入れて，英文を完成しなさい。

難 ① この窓，だれが割ったか知ってる？

(　　　　) (　　　　) (　　　　) (　　　　) (　　　　) this window?

（鹿児島・ラ・サール高）

② 私は彼女がなぜそのようなものを買ったのか知りたい。

I want (　　　　) (　　　　) (　　　　) (　　　　) (　　　　) such a thing.

（東京・巣鴨高）

難 **242** 英語になおしなさい。

① 私たちの先生は，私たちに世界にはどのくらい多くの言語があるのかを尋ねた。　　　（高知学芸高）

──────────────────────────────────

② 私が今どれだけ忙しいかだれも理解してくれません。　　　（東京・中央大杉並高）

──────────────────────────────────

解答の方針

240 ② B は「病気で寝ていた」と言っている。

242 ① there を使う。

26 付加疑問

重要 243 〉[付加疑問]

(　　　　)内に適当な1語を入れて，英文を完成しなさい。

① 君のお兄さんはとても背が高いね。

Your brother is very tall, (　　　　) (　　　　)?

② 君のお母さんは料理が上手だね。

Your mother cooks well, (　　　　) (　　　　)?

③ 君はそのカギを見つけることができなかったんだね。

You couldn't find the key, (　　　　) (　　　　)?

④ 私たちのバスはまだ出ていませんね。

Our bus hasn't left yet, (　　　　) (　　　　)?

> **ガイド** 「～ですね」と相手に確認したり同意を求めたりするために，文末に加える次のような疑問の形を「付加疑問」と言う。
>
> You are a student, <u>aren't you?</u>（あなたは学生ですね。）
>
> 　　肯定文　　　→　V［否定］+ S
>
> 　　　※否定の付加疑問では，常に短縮形(don't, didn't, can't など)を使う。
>
> You don't play the piano, <u>do you?</u>（あなたはピアノをひきませんね。）
>
> 　　否定文　　　→　V［肯定］+ S
>
> 答えるときは，内容が肯定なら Yes，否定なら No を使う。
>
> You are a student, aren't you? — Yes, I am. / No, I am [I'm] not.

244 〉[いろいろな文の付加疑問]

下線部に付加疑問の形を入れなさい。

① そのクラブには女子は1人もいませんね。

There aren't any girls in the club, _____?

② ドアを閉めてくれませんか。

Close the door, _____?

③ 午後は買い物に行こうよ。

Let's go shopping in the afternoon, _____?

> **ガイド** There isn't [aren't] ～, is [are] there?（～はありませんね。）
>
> 　　命令文, will you?（～してくれませんか。）
>
> 　　Let's ～, shall we?（～しましょうよ。）

最高水準問題

解答 別冊 p.44

245 ( )内に入る適当な語句を下から1つ選び，記号を○で囲みなさい。

① You like this movie, ( )?

　ア aren't you　　イ are you　　ウ don't you　エ do you　　　　（京都・大谷高）

② You didn't study yesterday, ( )?

　ア were you　　　　　　イ didn't you

　ウ weren't you　　　　　エ did you　　　　　　　（神奈川・日本大藤沢高）

③ Sara read this book last night, ( )?

　ア doesn't she　　　　　イ does she

　ウ didn't she　　　　　エ did she　　　　　　　　（東京・富士見丘高）

難 ④ Let's go see this movie next Sunday, ( ) we?

　ア will　　　　　イ don't　　　　ウ aren't　　　エ shall　　　（千葉・成田高）

246 ( )内に適当な1語を入れて，英文を完成しなさい。

① トムは昨日，その本を読んだのですよね。

　Tom read the book yesterday, ( ) ( )?　　（大阪・帝塚山学院高）

② 雨が降りそうですね。

　It's going to rain, ( ) ( )?

③ 明日は雨は降らないでしょうね。

　It won't rain tomorrow, ( ) ( )?

難 ④ He's stopped smoking, ( ) he?　　　　　　　　　　（高知・土佐塾高）

247 下線部が誤っているものを1つ選び，記号を○で囲みなさい。

① Let's ァgo to the art museum ィwith them, ゥdon't ェwe?　　（千葉・市川高改）

② ァYou ィwent ゥto the park ェyesterday, ォweren't you?　　（東京農業大第一高）

248 英語になおしなさい。

彼がどこへ行ったのかあなたは知りませんよね。

_____

解答の方針

246 ④ He's は何の短縮形かを考える。stop smoking は「たばこを吸うのをやめる，禁煙する」。

27 重要な表現

重要 **249** [数量を表す重要表現]

( )内から適当な語を選び，記号を○で囲みなさい。

① この問題を解くことのできた生徒はほとんどいない。

(ア Few イ Little) students could solve this problem.

② コップの中には少しジュースが入っている。

There is (ア little イ a little) juice in the glass.

③ 何百人もの人がその事故でけがをした。

(ア Hundred イ Hundreds) of people were injured in the accident.

④ 私はその店でくつを2足買った。

I bought two (ア pair イ pairs) of shoes at the store.

> **ガイド** (1) many / much と few / little は，次のように使い分ける。
>
> | | たくさんの～ | 少しある | ほとんどない |
> |---|---|---|---|
> | ＋数えられる名詞 | many students | a few students | few students |
> | ＋数えられない名詞 | much money | a little money | little money |
>
> ※「たくさんの～」の意味を表す a lot of, lots of, plenty of は，どんな名詞の前にも置くことができる。
>
> (2) hundreds of ～(何百もの～)，thousands of ～(何千もの～)
>
> (3) a piece of paper(1枚の紙)，a cup of milk(カップ1杯のミルク)，
>   a glass of water(グラス1杯の水)，a pair of shoes(1足のくつ)

重要 **250** [否定を表す重要表現]

( )内に適当な1語を入れて，英文を完成しなさい。

① 先週は少しも雨が降らなかった。 We had ( ) rain last week.

② 私は今朝から何も食べていません。

I have had ( ) since this morning.

③ ゆうべは全く眠れなかった。

I couldn't sleep ( ) all last night.

> **ガイド** (1) no = not ～ any(1つ[少し]も～ない)，nothing(何も～ない)，
>   no one / nobody / none(だれも～ない)
>
> (2) not ～ at all(全く～ない)，never(決して～ない，1度も～ない)

重要 251 [副詞の働きをする重要表現]

下線部が[ ]内の日本語の意味になるように，( )に適当な1語を入れなさい。

① I stayed at home (＿＿＿＿) day long.　　　　[一日中]

② English is used all (＿＿＿＿) the world.　　　[世界中で]

③ I went to the museum (＿＿＿＿) the first time.　[初めて]

④ (＿＿＿＿) first, I couldn't understand the book.　[最初は]

⑤ We should start (＿＿＿＿) away.　　　　　　[すぐに]

⑥ (＿＿＿＿) the way, do you like movies?　　　[ところで]

> **ガイド**　after a while(しばらくして)　　　all day (long)(一日中)
> all over the world(世界中に[で])　　all the way(ずっと，はるばる)
> before long(まもなく)　　　　　far away(遠く離れたところに)
> for a while(しばらくの間)　　　　no longer 〜(もはや〜ない)
> right away(今すぐに)　　　　　　this way(このように)

252 [動詞と名詞の結びつき]

( )内に適当な1語を入れて，英文を完成しなさい。

① 私は今朝，始発の電車に間に合った。

　I (＿＿＿＿) the first train this morning.

② 1週間ずっとかぜをひいています。

　I've (＿＿＿＿) a cold for a week.

③ 彼女は看護師になる決心をした。

　She made up her (＿＿＿＿) to become a nurse.

④ 君は早く医者にみてもらうほうがよい。

　You should (＿＿＿＿) a doctor soon.

⑤ あそこで写真を撮りませんか。

　Shall we (＿＿＿＿) a picture over there?

⑥ 公園を散歩するのはどうですか。

　How about (＿＿＿＿) a walk in the park?

> **ガイド**　catch (a) cold(かぜをひく)　　　have a cold(かぜをひいている)
> catch a train(電車に間に合う)　　miss a train(電車に乗り遅れる)
> have a good time(楽しい時を過ごす)　keep a diary(日記をつけている)
> keep one's promise(約束を守る)　　lose one's way(道に迷う)
> make a mistake(間違える)　　　　make up one's mind(決心する)
> see a doctor(医者にみてもらう)　　take a picture(写真をとる)
> take a walk(散歩する)　　　　　　tell a lie(うそをつく)

重要 253 〉[other など]

（　　）内に入る適当な語句を，〔　　〕内から1つずつ選びなさい。

① そのバッグのうち一方は私ので，もう一方は妹のです。

One of the bags is mine, and (　　　　　) is my sister's.

② これは気に入りません。別のを見せてください。

I don't like this. Please show me (　　　　　).

③ 野球が好きな人もいればサッカーが好きな人もいる。

Some people like baseball, and (　　　　　) like soccer.

〔
other
others
another
the other
〕

> **ガイド** (1) one（2つのうちの一方）⇔ the other（残りの一方）
> (2) one（多くのうちの1つ）⇔ another（別のどれか1つ）
> (3) some 〜, others ...（〜なものもあれば…なものもある）

254 〉[人称代名詞の特別な用法]

日本語になおしなさい。

① We had little snow this winter.

_____

② They speak English in Australia.

_____

③ How far is it from the station to your school?

_____

> **ガイド** (1) we, you, they は「一般の人々」を指す場合がある。（日本語には訳さない）
> (2) it は天気・時・距離などを表す文の主語になる。（日本語には訳さない）

255 〉[重要な会話表現]

（　　）内に適当な1語を入れて，英文を完成しなさい。

① どうしたの。具合が悪そうだよ。

What's the (　　　　　)? You (　　　　　) sick.

② 先生に聞いてみればいいのに。

Why (　　　　) (　　　　　) ask your teacher?

③ 金曜日にパーティーをしようよ。

Why (　　　　) (　　　　　) have a party on Friday?

> **ガイド** What's the matter (with you)? = What's wrong (with you)? = どうしたのですか。
> Why don't you 〜? = 〜したらどうですか。
> Why don't we 〜? = （いっしょに）〜しませんか。

256 （　　）内に入る適切な語句を下から1つ選び，記号を○で囲みなさい。

① I have lost my purse, so I must buy (　　　).

　ア it　　　　イ one　　　ウ the one　　　エ the other　　　(福岡・久留米大附設高)

② She often tells lies, so she has (　　) friends around her.

　ア few　　　　イ a few　　　ウ little　　　　エ a little　　　(京都・大谷高)

③ Every student has (　　) during summer vacation.

　ア many homework　　　　イ much homeworks

　ウ a lot of homework　　　エ few homeworks　　　(神奈川・日本大高)

④ Don't worry! She is sure to come. She never (　　) her promise.

　ア makes　　イ keeps　　ウ breaks　　エ throws　　　(東京・城北高)

⑤ I don't like this ring. Please show me (　　).

　ア other one　イ an another　ウ each other　エ some others　　(愛媛・愛光高)

⑥ We have five Suzukis in this office; one is from Tokyo and all (　　) are from Yokohama.

　ア another　イ others　　ウ the other　エ the others　　(兵庫・灘高改)

難⑦ (　　) of the club members is going to make a speech next week.

　ア Every　　イ All　　　ウ Each　　エ Both　　　(大阪星光学院高)

257 2つの文の表す内容がほぼ同じになるように，（　　）内に適当な1語を入れなさい。

① How about going to the cafeteria?

　(　　　) (　　　　) you go to the cafeteria?　　　(愛媛・愛光高)

② Would you like to play tennis with me?

　(　　　) (　　　) (　　　) play tennis?　　　(東京・早稲田実業高)

③ We had little rain here last month.

　(　　　) (　　　) little here last month.　　　(長崎・青雲高)

④ If you don't hurry, you'll be late for the train.

　Hurry up, or you'll (　　　) the train.　　　(東京・城北高)

解答の方針

256 ② tell a lie うそをつく　④〈be sure ＋不定詞〉きっと～するだろう　⑥ office 職場，会社

258 ( ) 内の語句を並べかえて，英文を完成しなさい。

① A: Do you know this song?

　B: Sorry. I (know / all / it / don't / at).　　　　　　　　　　（秋田県）

_____

② 私はカナダでの楽しい日々を決して忘れません。（1語不要）

(happy / forget / in Canada / don't / I / days / never / will / those).

　　　　　　　　　　　　　　　　　　　　　　　　　　　　（東京・駒澤大高）

_____

③ テーブルの上にコップ1杯の熱いコーヒーがあった。（1語不足）

(a / was / the / of / there / on / hot coffee) table.　　　（京都女子高）

_____

④ この試合に向けて彼がどれだけ熱心に練習してきたか，君にわかるかい。

Do you know (hard / practiced / he / this game / how / for / has)?

　　　　　　　　　　　　　　　　　　　　　　　　　　　（大阪星光学院高）

_____

⑤ 駅まで30分かかるでしょう。（1語不足）

(station / will / minutes / it / to / the / thirty).　　（東京都立産業技術高専）

_____

⑥ 駅まで歩いてどのくらいかかりますか。（2語不足）

(does / how / it / long / station / the / to / to)?　　　　（広島大附高）

_____

🏔 ⑦ ここから日光までいくらかかりますか。

(it / to / does / how much / Nikko / to / cost / go)?　　（東京・郁文館高）

_____

🏔 ⑧ 彼があのパソコンにいくら払ったと思いますか。

(do / how / think / he / PC / much / you / paid / that / for)?　　（東京・江戸川女子高）

_____

259 指示に従って英語になおしなさい。

だれも彼女が何になりたいのか知りません。（not を使わずに8語の文に）　　（千葉・昭和学院秀英高）

_____

解答の方針

258 ④「どれほど熱心に」は how hard。　⑤⑥ take は「(時間)がかかる」の意味。　⑦ cost は「(金額) がかかる」の意味。

260 下線部が誤っているものを１つ選び，記号を○で囲みなさい。④は誤りがなければエを選びなさい。

① We ァ<u>need</u> a ィ<u>lot of</u> eggs and a ゥ<u>few</u> butter ェ<u>to</u> make a plain omelet.

（東京・中央大附高）

難 ② ァ<u>Don't compare</u> ィ<u>your own life</u> ゥ<u>with</u> ェ<u>that of</u> ォ<u>the another person</u>.　（兵庫・灘高）

③ A: ァ<u>I'm sorry</u>.　Do you know ィ<u>any restaurants</u> near here?

　　B: Yes.　I know a good Japanese restaurant.　ゥ<u>The food there is delicious</u>.

　　A: ェ<u>That's nice</u>.　Where is it?

（大阪・関西大倉高）

④ My father ァ<u>came</u> into the living room with ィ<u>a few book</u> after he drank ゥ<u>a little coffee</u>.　ェ<u>誤りなし</u>

（愛媛・愛光高）

261 （　　）内に適当な１語を入れて，英文を完成しなさい。

① 私は地図を描くのに紙が１枚必要です。

　　I need (　　　　　) (　　　　　) (　　　　　) paper to draw the map on.　（獨協埼玉高）

② 子どもは皆１人１人ちがう。

　　Every (　　　　) (　　　　) different.

（大阪・関西大倉高）

③「メグは明日来ますか」「よくわかりません」

　　"Is Meg coming tomorrow?"　"I'm (　　　　) (　　　　)."

（福岡・西南学院高）

難 ④「新しい車はいかがですか」「とても気に入っているよ」

　　"(　　　　) (　　　　) (　　　　) (　　　　) your new car?"

　　"Very much."

（広島大附高）

262 下線部を英語になおしなさい。

① 母：「ただいま。(1)<u>留守中に電話はなかった？</u>」

　　子：「ああ，あったよ。でも，(2)<u>だれだったか思い出せないよ</u>」　（長崎・青雲高）

　　(1) _____

　　(2) _____

難 ② A: You look tired.　What's wrong?

　　B: 宿題がたくさんあって，昨日はほとんど寝る時間がなかったんだ。　（東京・筑波大附高）

　　_____

解答の方針

260 ① plain omelet プレーンオムレツ　② compare A with B　A を B と比べる

261 ② 動詞に注意。　④ like を含む慣用表現。

262 ①「私が外に出ている間に」と考える。

1 （　　）内に入る適当な語句の記号を○で囲みなさい。　　　　　（各 2 点，計 12 点）

① I feel very cold. Will (　　) be snowy tomorrow?

　　ア there　　イ we　　　ウ it　　　　エ that　　　　（山梨・駿台甲府高）

② A thing which may be good in one culture may be rude in (　　).

　　ア other　　イ the other　　ウ another　　エ some　　（埼玉・立教新座高）

③ My brother is very popular in his class. (　　) likes him.

　　ア All people　　　　　イ Both of them

　　ウ Everyone　　　　　エ Nobody　　　　（神奈川・法政大第二高）

④ I wanted to buy a new car, but I didn't have (　　) money.

　　ア full　　イ all　　　ウ enough　　エ some　　（北海道・函館ラ・サール高）

⑤ A: Please show me your driver's license.

　　B: (　　)

　　ア Yes, I have.　　　　イ Here you are.

　　ウ It's mine.　　　　　エ You are welcome.　　　（大阪・開明高）

⑥ A: Hello, this is Nancy. May I speak to Emily?

　　B: Yes, she is at home now. (　　)

　　ア Shall I take any messages?　　　　イ Hold the line.

　　ウ Thank you for calling.　　　　　エ Who's speaking?　　（広島・崇徳高）

2 2 つの文の表す内容がほぼ同じになるように，（　　）内に適当な 1 語を入れなさい。

（各 3 点，計 15 点）

① Please tell me the date and place of your birth.

　　Please tell me (　　　　) and (　　　　) you were born.　　（東京・実践学園高）

② Where did he go yesterday? Do you know that?

　　Do you know (　　　) (　　　　) (　　　　) yesterday?　　（兵庫・関西学院高等部）

③ Do you know my age?

　　Do you know how (　　　) (　　　) (　　　)?　　（東京・城北高）

④ He left the room and said nothing.

　　He left the room (　　　　) saying (　　　　).　　（東京・城北高）

⑤ May I help you?

　　(　　　　) can I do (　　　　) you?　　（高知・土佐塾高）

3 ( )内に適当な1語を入れて，英文を完成しなさい。 (各2点，計12点)

① このドレスは私には大きすぎます。別のものを見せてくださいませんか。

This dress is too big for me. Would you show me ( )? (京都女子高)

② 番号をお間違えですよ。

You ( ) ( ) ( ) number. (大阪・関西大倉高)

③ 「どうしたの？」「頭が痛い」

"What's ( )?" "I ( ) a headache." (愛知・東邦高)

④ A: What's ( ) ( )?

B: I have a cold. (広島・近畿大附福山高)

⑤ A: Please ( ) yourself.

B: Thank you so much. All dishes look very delicious. (東京・駒澤大高)

⑥ A: There's a new restaurant near my home.

B: ( ) ( ) ( ) like? Is it good?

A: I don't know. I haven't eaten there yet. (広島大附高)

4 ( )内の語句を並べかえて，英文を完成しなさい。 (各4点，計8点)

① 彼女がどんなセーターを買ったかわかりません。

(sweater / kind / don't / what / bought / she / I / of / know). (東京・郁文館高)

_____

② 何時にこのパーティーが終わるのか私に教えていただけませんか。(1語不要)

(this party / time / would / be / finish / me / what / tell / over / you / will)? (香川県大手前丸亀高)

_____

_____

5 英語になおしなさい。　　　　　　　　　　　　　　　　　　　（各5点，計15点）

① ご両親に手紙を書いてはどうですか。　　　　　　　　　　　　　（奈良・帝塚山高）

_____

② 夕食に何を食べたいか教えて。　　　　　　　　　　　　　　　　（岡山白陵高）

_____

③ 今晩の会議に間に合わないと彼に伝えてくれませんか？　　　　　（大阪星光学院高）

_____

_____

6 次の英文を読んで，あとの問いに答えなさい。
　　　　　　　　　（京都・立命館高改）（①各3点，②2点，③⑤各5点，④各4点，計38点）

　Vending machines are seen more in Japan than any other country in the world. Did you know there are more than 5 million vending machines in Japan?　For about every 23 people, there is one vending machine.　You can buy almost anything, for example, tea, coffee, instant noodles, and ice cream.

　The number of vending machines in Japan grew （　A　） bigger in the 1960s. 　　ア　　 Around the 1970s, Japan made a vending machine that sold both hot and cold drinks in one machine.　This made the machine （　B　） useful to people because they can buy hot drinks in winter and cold drinks in summer.　Now, you can find one on every street, even in the *countryside.　Sometimes, there are many vending machines set in one place.

　In many countries, vending machines are set inside the buildings.　It is because money can be taken easily from (C)them.　In Japan, there are many vending machines on the street, so anyone can buy anything at anytime.　It became a problem that people who were younger than twenty years old could buy *alcohol and tobacco.　　イ　　 These days, there is an *ID system for vending machines that sell alcohol and tobacco.　People need an ID card to buy tobacco from vending machines.　The vending machines that sell alcohol without an ID card stop selling it at 11:00 p.m.

　Vending machines are *convenient, but there is (D)another problem.　Because you can buy both hot and cold things, a vending machine uses much energy.　One machine uses about 3,500 kilowatts of *electricity a year.　An average home uses less electricity than a vending machine.　　ウ　　 This is good because many of the vending machines are for drinks and they are set outside.

　When solar batteries are used, it brings the cost of electricity down. 　　エ　　 In spring of 1996, solar batteries were used for the first time in some vending machines that sold drinks.　It was a success.　Today most vending machines in Japan use solar batteries for electricity.

(注) countryside いなか　　alcohol 酒　　ID system 身分証明を求める仕組み
convenient 便利な　　electricity 電気

① (A)(B)に入る適当な語を下から1つずつ選びなさい。

(A) (　　　)　　(B) (　　　)

ア any　　　イ little　　　ウ more　　　エ much

② 下線部(C)の them の指すものを日本語で答えなさい。

_____

③ 下線部(D)の another problem とは何か，15字以内の日本語で答えなさい。

④ 本文の内容と一致するときは○，一致しないときは×を，(　　　)内に書きなさい。

(　　) (1) People could already buy hot drinks from vending machines thirty years ago in Japan.

(　　) (2) Now, anyone can buy alcohol and tobacco from vending machines after 11 p.m.

(　　) (3) One vending machine uses more electricity than an average family does.

(　　) (4) Solar batteries had many problems when they were first used in vending machines.

(　　) (5) Most vending machines are inside in Japan.

⑤ 次の英文を本文中に入れるとき，最も適当な場所を文中のア～エから選び，記号で答えなさい。

(　　) An answer to this problem is using solar batteries for electricity.

□ 編集協力　株式会社シー・レップス　岩見ルミ子　西澤智夏子
□ デザイン　CONNECT

シグマベスト
最高水準問題集
中3英語

本書の内容を無断で複写（コピー）・複製・転載することを禁じます。また，私的使用であっても，第三者に依頼して電子的に複製すること（スキャンやデジタル化等）は，著作権法上，認められていません。

著　者　佐藤誠司
発行者　益井英郎
印刷所　株式会社天理時報社
発行所　株式会社文英堂
　　　　〒601-8121　京都市南区上鳥羽大物町28
　　　　〒162-0832　東京都新宿区岩戸町17
　　　　（代表）03-3269-4231

ΣBEST
シグマベスト

最高水準
問題集

中3英語

解答と解説

文英堂

1 過去形と未来形 / 助動詞

001 ① **studied** ② **bought** ③ **stopped** ④ **ate** ⑤ **left** ⑥ **stayed**

解説 語尾が y で終わる語の過去形 study, try, cry などは y が -ied になる。play, stay のように y の前に母音字があるときはそのまま -ed をつける。leave の過去形 left は，「左」の意味の名詞と同じつづりなので注意。

002 ① イ，私が家に帰ってきたとき，兄[弟]はテレビを見ていた。 ② イ，私は昨夜10時には勉強していなかった。 ③ イ，あなたが彼に電話したとき，彼は昼食をとっていましたか。

解説 過去進行形は，〈when + S + V[過去形]〉（S が V したとき）とともに使うことが多い。

003 ① **will be** ② **I'll** ③ **going to** ④ **won't** ⑤ **are you going**

解説 ④ will not の短縮形は won't [wóunt]。want [wɑ́nt]（ほしい）とは発音が異なる。

004 ① ウ ② ア ③ エ ④ イ

解説 ①「宿題を手伝ってくれませんか。」「いいですよ。」 ②「コーヒーをもう1杯召し上がりますか。」「いいえ，けっこうです。」 ③「エアコンをつけましょうか。」「ええ，お願いします。少し暑いです。」 ④「明日映画に行こうか。」「そうしよう。」

005 ① 入院しているはずがない ② 正しいかもしれない ③ 疲れているにちがいない

解説 ① can't「〜のはずがない」 ② may「〜かもしれない」may の過去形 might も同じ意味を表すことがある。 ③ must「〜にちがいない」。どれも後ろが be になっている点に注意。

006 ① **has to** ② **don't have** ③ **wasn't able**

解説 ①「彼はもっと熱心に勉強しなければならない。」 ②「あなたは今日この仕事を終える必要はない。」 ③「私は最後の問いに答えることができなかった。」

007 ① **should not believe such a** ② **would like to live in America**

解説 ①〈should not +動詞の原形〉「〜すべきではない，〜しないほうがいい」 ②〈would like to +動詞の原形〉「〜したい」

⑦ 得点アップ

I'd like 〜（〜がほしい）と I'd like to 〜（〜したい）
・**I'd [I would] like** some tea.（お茶がほしい。）
・**Would you like** some tea?（お茶がほしいですか。）
・**I'd [I would] like to** have lunch.（昼食を食べたい。）
・**Would you like to** have lunch?（昼食を食べたいですか。）

008 ① エ ② イ ③ エ ④ エ ⑤ イ ⑥ エ ⑦ ウ ⑧ ウ

解説 ① My friend played the piano. の意味。 ②「1時間前に彼女を見たとき，ジェーンは図書館で勉強していた。」 ③ リサが忙しい母親を見て「私が昼食を作りましょうか。」と言ったのに対して，母親が「その必要はないわ。私が作るから。」と答えている。 ④「少しの間休憩したらどうだい。君はたくさんのことをしたから。」という意味。相手に休憩を勧めているから，ウは Shall we なら正しい。**Why don't you 〜?** で「〜してはどうですか」の意味。（→本冊 p.128） ⑤「質問してもいいですか。」に対して「いいですとも。」と答えている。 ⑥ お茶を勧められて「ええ，お願いします。」と答えている。 ⑦ 電話の相手が不在だったことを知って，「伝言をお願いしてもい

いですか。」と頼んでいる。 ⑧You can't miss it. は「あなたはそれを見逃すはずがない。→すぐにわかりますよ。」道案内の決まり文句。

⑦得点アップ

たとえば「手伝ってくれませんか。」と相手に頼む場合，次のような言い方ができる。
① Can you help me?
② Will you help me?
③ Would you help me?
④ Could you help me?
⑤ Would you mind helping me?
①②よりも③④のほうがていねいな言い方。それぞれ please を加えると，よりていねいになる。⑤は最もていねいな言い方で，「手伝ってもらってもかまわないでしょうか。」と遠回しに尋ねている。(右段「mind を使った表現」→)

---

009 ① イ ② イ ③ イ

解説 ①「いい考えですね。」の意味。 ②「お茶はどのようにして召し上がりますか。」「ミルクを入れてください。」 ③「忘れずに私に手紙を書きなさい。」「はい，忘れません。」I won't[will not] forget to write to you. ということ。Yes と not を組み合わせた言い方は誤り。

---

010 ① We didn't[did not] go shopping last Saturday.
② They didn't[did not] listen to any speeches about world peace.
③ You must be quiet in this concert hall.

解説 ①「私たちは先週の土曜日に買い物に行かなかった。」 ②「彼らは世界平和についてのスピーチを1つも聞かなかった。」not 〜 any で「1つ[少し]も〜ない」の意味を表す。 ③「コンサートホールで騒いではいけない。」→「コンサートホールでは静かにしなければならない。」

---

011 ① must not ② didn't have
③ Can[May] ④ mind

解説 ①「彼の部屋に入ってはいけない。」 ②「あなたはメアリーの宿題を手伝う必要はなかった。」 ③「この川で釣りをしてもいいですか。」 ④「窓を開けてもらえますか。」

mind を使った表現

Would you mind -ing?
　(〜してもらえますか。)
(a) **Would you mind closing the door?**
　(ドアを閉めてもらえますか。)
Would [Do] you mind if I 〜?
　(〜してもいいですか。)
(b) **Do you mind if I smoke here?**
　(ここでたばこを吸ってもかまいませんか。)
mind は「気にする，いやがる」の意味の動詞で，(a) の直訳は「あなたはドアを閉めることがいやでしょうか。」，(b) は「もし私がここでたばこを吸ったら，あなたはいやでしょうか。」これらの問いに対して「いいですよ。」と答えるときは，No, I don't mind.(いいえ，私はかまいません。)のように否定文の形を使う。No, not at all., Of course not. などとも言う。

---

012 ① must be glad to get a letter from you
② Will you stop making noise late
③ You do not have to go with me
④ What will the weather be like
⑤ Which bus should I take to get to the station

解説 ①must「〜にちがいない」 ②stop -ing「〜するのをやめる」to が不要。 ③don't have to 〜「〜する必要はない」must が不要。 ④What is S like? で「S はどのようなものですか」の意味を表す。この like は「〜のような」の意味の前置詞。be 動詞に will をつけて未来の意味にすると，What will S be like? となる。

how が不要。 ⑤「駅へ行くにはどのバスに乗ればいいですか。」

013 Would you like to be in a picture with me here?

解説 「あなたはここで私といっしょに写真の中にいたいですか。」が直訳。Bは「いい考えですね。あの男の人に私たちの写真を撮ってくれるよう頼みます。」と答えている。

014 ① 例 May I use the telephone to call my family in Japan?
② 例 I feel sick, so would you take me to the hospital?

解説 ①「～してもよいですか」と尋ねる。Can I ～でもよいが、may のほうがていねいな言い方。May I talk to my family in Japan with your phone? などとも表現できる。 ②相手に頼むときは Would[Could] you ～? の形を使うのがよい。「気分が悪い」は I'm sick でもよい。

2 比較

015 ① longer, longest
② nicer, nicest
③ hotter, hottest
④ easier, easiest
⑤ more difficult, most difficult
⑥ more slowly, most slowly

解説 子音を重ねるのは hot, big を覚えておけばよい。busy, early, easy, happy, pretty などは比較級が -ier, 最上級が -iest になる。

016 ① more ② better
③ best ④ worst

解説 ① more books は「より多くの本」, more interesting book は「よりおもしろい本」。

more interesting の more は -er の代わりに使われる「比較級を作るための記号」と考えればよい。 ③④前に the があり、後ろに in があるので最上級であると考えられる。

017 ① much more ② little more
③ More than
④ colder, colder
⑤ better than

解説 ④「その試合はだんだんおもしろくなってきた。」なら、The game became more and more exciting. となる。

018 ① biggest [largest] cities
② second biggest [largest]
③ Most ④ best ⑤ best of

解説 ③たとえば、「ほとんどの生徒」は、most students または most of the students。the の有無に注意。

019 ① as [so] big [large]
② three times
③ I could

解説 ②「私は15歳、父は45歳だ。」→「父は私の3倍の年齢だ。」 ③「私はできるだけ速く走った。」can が過去形の could になる点に注意。

020 ① lighter than this bag
② younger than my teacher
③ higher than any other
④ the longest river
⑤ more important than anything else
⑥ Nothing is as [so] important as

解説 ①heavy(重い)の反意語は light(軽い)。②「母は私の先生ほどの年齢ではない。」→「母は私の先生よりも若い。」 ④上の文は「日本のほかのどの川も信濃川ほど長くない。」 ⑤「時間は最も大切なものだ。」→「時間はほかの何よりも大切だ。」 ⑥下の文は「健康ほど大切なものはない。」

021 ① ア　②イ　③ウ

解説 ①「ケイトは私と同じくらい多くのドレスを持っている。」②「この映画はあの映画よりずっとおもしろい。」比較級は much で強める。③「2人のうち背の高いほう」は一方に決まるので, the をつける。〈the + 比較級 + of the two〉と覚えておくとよい。

022
① **younger, by**
② **any other boy**
③ **as [so] well as**
④ **the third**
⑤ **higher**
⑥ **less expensive than**
⑦ **better**

解説 ① by は「〜の分だけ」の意味。③「ほかのどの男の子もジョンほど上手にサッカーをすることはできない。」④「米国では釣りよりも人気のあるスポーツがほかに2つある。」→「釣りは米国で3番目に人気のあるスポーツだ。」⑤「野菜はこのごろ(前よりも)高くなっているようだ。」expensive は「値段(price)が高い(high)」の意味。⑥ less は more の反意語で,「より〜でない」という意味を表す。「私のカメラはあなたのカメラよりも高価ではない[安い]。」ということ。⑦「彼女はとても賢明なのでそんなことはしない」。→「彼女はそんなことをするよりも(物を)知っている。」know better than to 〜で「〜するほどばかではない, 〜しないだけの分別を持っている」という意味。

023
① **one of the most popular ways to communicate**
② **Kazuko plays tennis much better than I do**
③ **Our school has three times as many students as yours**
④ **always tries to drive as carefully as he can**
⑤ **more books than he could read**
⑥ **is the most beautiful city I have ever visited**
⑦ **help yourself to as much food as you like**
⑧ **that more and more foreigners are coming to Japan to look for jobs**

解説 ①〈one of the + 最上級〉「最も〜なものの1つ」②比較級を強調する much。③ three times as many 〜 as ...「…の3倍の数の〜」④as 〜 as S can「できるだけ〜」possible が不要。⑤「読むことができるよりも多くの本」→「読みきれないほどの本」⑥ city の後ろに which[that] が省略された形。(→本冊 p.92)to が不要。⑦ as much 〜 as you like「あなたが好きなだけの量の〜」⑧ more and more foreigners「ますます多くの外国人」more を1つ補う。

024
① **Nothing, important**
② **English as [so] well as**
③ **earlier than any other**

解説 ②直訳は「ほかのどの男の子もヤマダ君ほど上手に英語を話すことはできない。」③直訳は「家族のどのメンバーよりも早く起きた。」

025 ① ウ　②ウ　③エ

解説 ①ウは is が正しい。「最も有名な像のうちの1つ」なので単数。②ウは member が正しい。than any other の後ろには単数形の名詞を置く。③エは mine が正しい。「トムのコンピューターは私のコンピューターよりもよい。」という意味。

026 **The high school is closer to your house than to mine.**

解説「高校は私の家よりもあなたの家のほうに近い。」という意味にする。close to 〜で「〜に近い」。

027 例 Ken knows who can swim (the) fastest in his class.

解説 Ken knows who the fastest swimmer in his class is. でもよい。

---

3 受動態

028 ① is used ② studied by
③ read this book
④ do, speak

解説 主語が単数か複数かによって動詞の形が変わるので注意。

029 ① is seen ② are cleaned
③ was made ④ were invited

解説 ①②は現在形，③④は過去形。

030 ① was not found
② aren't sold
③ Is, spoken, it is
④ Were, sent, they weren't
⑤ was, built
⑥ What was, by

解説 （　）の数に合わせて短縮形を使う。疑問文は肯定文をもとに考えるとわかりやすい。たとえば ⑤ は This house was built ten years ago. のような文の下線部が答えの中心になる文を作ればよい。

031 ① I was given the old computer by my uncle.
The old computer was given (to) me by my uncle.
② We are taught English by Mr. Ogawa.
English is taught (to) us by Mr. Ogawa.

③ The children were sent a lot of toys (by them).
A lot of toys were sent (to) the children (by them).

解説 SVOO の形からは，2つの O のどちらかを主語にした2つの受動態ができる。〈物〉が主語になるときは，〈人〉の前に前置詞(to)を置くことが多い。たとえば①の受動態の意味は，「私はその古いコンピューターをおじによって与えられた。」「その古いコンピューターはおじによって私に与えられた。」

032 ① was elected ② is, called

解説 ①「ミカはチームのキャプテンに選ばれた。」②「このネコは何と呼ばれていますか。」

033 ① ウ ② イ ③ ア

解説 ① be filled with ～ = be full of ～

034 ① was born on April 15
② was excited at the game
③ was killed in the accident

解説 ① birthday が不要。 ② excite は「（人）を興奮させる」。I was excited で「私は興奮させられた」→「私は興奮した」となる。exciting が不要。 ③ was killed の直訳は「殺された」。die が不要。

035 ① ア ② ア ③ ウ ④ ア
⑤ ア ⑥ ア

解説 ① be sold out「売り切れている」 ②「それはだれによって書かれましたか。」It was written by X. の X を who で尋ねる疑問文。③ excited fans「興奮させられた[＝興奮した]ファンたち」 ④ exciting は「人を興奮させるような」→「わくわくするような」の意味。⑤ His classmates laughed at him.（クラスメートたちは彼を笑った。）の受動態。下線部を1つの動詞と考える。 ⑥「チーズはミルクから作られると知っていますか。」〈be made of ＋材

料〉と〈**be made from**＋原料〉を使い分ける。材料の形が残っているときは of, 形が残っていないときは from を使う。

036 ① **be kept** ② **was born**
③ **old is** ④ **We were, at**
⑤ **called in**

解説 ①「窓はずっと開けたままにしておかれなければならない。」SVOC の文の受動態。②「ジャックの誕生日」→「ジャックがいつ生まれたか」 ③「銀閣寺はいつ建てられましたか。」→「銀閣寺は何歳ですか。」 ④ be surprised at 〜「〜を聞いて[見て]驚く」 ⑤「この野菜は英語で何と呼ばれますか。」

037 ▶ **left**

解説 「おじの家にかさを置き忘れた。」「最初の角を左に曲がりなさい。」「窓は開けたままにされてはならない。」最後の文は You must not leave the window open. の受動態。

038 ① **I was** ② **was covered**
③ **is filled with [is full of]**
④ **chosen**
⑤ **museum, closed, Tuesday(s)**
⑥ **be seen** ⑦ **be sent at**
⑧ **this picture painted [drawn] by**

解説 ①受動態の質問には be 動詞で答える。②be covered with 〜「〜におおわれている」③be filled with 〜「〜でいっぱいだ」④choose(…を〜に選ぶ)の過去分詞。⑤be closed「閉じられている」→「(店などが)休みだ」⑥⑦助動詞の後ろに〈be＋過去分詞〉を置く形。⑧This picture was painted[drawn] by X. の X を who で尋ねる疑問文。

039 ① **イ** ② **イ**

解説 ① イ は interested が正しい。be interested in 〜で「〜に興味がある」の意味。②イは excited が正しい。

040 ① **many people will be invited to the party**
② **No students could be seen in the next**
③ **I was kept waiting for an hour**
④ **Thousands of people were killed in the war**
⑤ **Where was this picture you gave me taken**
⑥ **What is this dog called, the children looking after**

解説 ①「明日のパーティーには何人が招待されるでしょう。」②could be seen「見られることができた」③「彼は私を待たせた。」は He kept me waiting.。〈keep＋O＋-ing〉で「Oが〜しているままにしておく，Oに〜させておく」の意味を表す。この文の me を主語にした受動態を作ると，**I was kept waiting (by him).** となる。④戦争や事故で死んだときは be killed(殺される)を使う。killed を補う。⑤Where was this picture taken?(この写真はどこで撮られたのですか。)をもとに考える。picture の後ろに関係代名詞の which[that] が省略された形。(→本冊 p.92) ⑥looking は前の children を修飾する現在分詞(→本冊 p.72)。care が不要。

041 ▶ **The song is known to everyone [everybody].**

解説 be known to 〜「〜に知られている」

042 ▶例 **If you are interested in history, you should read this book.**

解説 be interested in 〜「〜に興味がある」

4 重要な文構造 / 感嘆文

043 ① ア　②ウ　③エ　④イ
⑤ オ

解説 ①every day は修飾語で，We study. だけでも文が成り立つ。②sometimes は修飾語。　③him と my dictionary が2つの O（目的語）。　④look は「～に見える」。後ろには C の働きをする形容詞を置く。　⑤the dog(O) ＝ Shiro(C) の関係が成り立つ。

044 ① ウ　②ア　③ア　④イ

解説 ①get dark(暗くなる)のように get にも「～になる」の意味があるが，後ろに名詞を置くときは become しか使えない。

045 ① give her this ring
② lend me your bike
③ sometimes makes me lunch
④ you tell me the way to

解説 ③make は SVOC のときは「O を C にする」，SVOO のときは「O(人)に O(物)を作ってやる」。

046 ① to you　② for me
③ to us　④ to her

解説 ③to 型の動詞のほうが数が多い。for 型は buy, cook, make など。

047 ① named the baby Ann
② news made us sad
③ we paint the wall white

解説 ①was が不要。②were が不要。③paint the white wall だと「(もともと)白い壁にペンキを塗る」という意味になる。is が不要。

048 ① How　② What　③ How
④ How　⑤ What

解説 what の後ろには a[an] がくることが多いが，What big birds they are! のように複数形の名詞を後ろに置くこともある。

049 ① エ　② エ　③ ウ　④ イ
⑤ イ　⑥ イ

解説 ①「この本を私にくれませんか。」②「父は私に新しい自転車を買ってくれた。」③「何があなたを日本へ連れて来たのですか。」→「なぜあなたは日本へ来たのですか。」④「私にあなたの辞書を貸してくれませんか。」borrow は「～を借りる」。⑤(　)に何も入れなくても文が完成しているので，(　)には修飾語(副詞)が入る。large や many は副詞としては使えない。「あまり長くテレビを見すぎてはいけない。」という意味。⑥sell well で「よく売れている」という意味を表す。

050 ① cook, well　② teaches us
③ Why, he　④ call
⑤ What an　⑥ cost

解説 ①cook は上の文では「料理をする人」(名詞)，下の文では「料理をする」(動詞)。②下の文は「スミス先生は私たちに中国語を教える。」③「昨日何が彼を忙しくしたのですか。」→「昨日なぜ彼は忙しかったのですか。」④下の文は「あなたがたはあの山をなんと呼びますか。」⑤「あなたの時計はなんと古いのだろう。」→「あなたはなんと古い時計を持っているのだろう。」⑥「私はその絵に2万円払った。」→「その絵は私に2万円(の費用が)かかった。」〈cost ＋ O ＋ O〉で「O(人)に O(金額)がかかる」の意味を表す。

051 ① A boy with a cute girl seemed happy on the bench
② found the book interesting when I was young
③ This book will give you a little information about

④ **Who gave the bag to your sister**

⑤ **What a good speaker of English Akira**

⑥ **My story sounds very much like**

⑦ **gave me this for my**

⑧ **Could you show me the pictures he took**

解説 ①〈seem + 形容詞〉「〜のように見える」 ②〈find + O + C〉「O が C だとわかる」 ③〈give + O + O〉「O(人)に O(物)を与える」 ④〈give ＋物＋ to ＋人〉「(人)に(物)を与える」did が不要。 ⑤ 感嘆文。how が不要。 ⑥ sound like 〜「〜のように聞こえる」very much は sounds を修飾する。「私の話はあなたの話とそっくりに聞こえる。」という意味。 ⑦「祖母が誕生日プレゼントとしてこれを私にくれました。」of が不要。 ⑧「彼が沖縄で撮った写真を私に見せていただけますか。」taken と tell が不要。

---

052 **Music makes me happy.**

解説 「私は音楽を聞くとき幸福に感じる。」→「音楽は私を幸福にする。」(SVOC)

---

053 **book written by him, me some idea**

解説 〈give + O + O〉「O(人)に O(物)を与える」to が不要。

---

054 ① **keep, clean** ② **How kind**

解説 ①〈keep + O + C〉「O を C に保っておく」

---

055 エ

解説 エは make him happy が正しい。

---

056 ① 例 **How well his brother speaks English!**

② 例 **My grandfather is over seventy, but he looks very young.**

③ 例 **The trip to America gave us a chance to know about American people and culture.**

解説 ① What a good speaker of English [a good English speaker] his brother is! でもよい。 ② look young「若く見える」 ③〈give + 人 + a chance to 〜〉「(人)に〜する機会を与える」

第1回 **実力テスト**

1 ① ア　② ア　③ ア　④ ア
④ ウ　⑥ ア　⑦ エ

解説 ①「もし彼が電話をかけて今夜デートに出かけようと私を誘ったら，私は彼といっしょに出かけるわ。」未来の内容なので will を使う。 ②「何か飲みものを召し上がりますか。」「ええ，お願いします。」 ③ That sounds nice [great]. は「それはよさそうだ。」の意味。sound は「〜に聞こえる[思われる]」で，後ろに形容詞を置く。 ④「あなたはとてもたくさん食べたので，空腹のはずがない。」 ⑤「北極星は一年中見ることができますか。」can be seen で「見られることができる」の意味。 ⑥「彼はパジャマを着てベッドに横になった。」lie(横になる)の過去形は lay。 ⑦「私の犬は私の留守中に隣の人によって世話をされた。」take care of 〜(〜の世話をする)を1つの動詞と考える。

・She takes care of the baby.
→ The baby **is taken care of** by her.
(その赤ちゃんは彼女によって世話をされる。)

lie(横になる)と lay(〜を横にする，置く)		
原形	過去形	-ing
lie [lái]	lay [léi]	lying [láiiŋ]
lay [léi]	laid [léid]	laying [léiiŋ]

2 ① higher, other
② as [so] easy as
③ What, him
④ No other

解説 ①下の文は「彼は試験でほかのどの生徒より
も高い得点を取った。」の意味。　②「あの問いは
この問いよりもやさしい。」→「この問いはあの
問いほどやさしくない。」　③「彼はなぜ昨日学校
を欠席したのですか。」→「何が彼に昨日学校を
欠席させたのですか。」〈make + O + C〉「O
を C にする」の形。　④下の文は「日本のほかの
どの湖も琵琶湖ほど大きくない。」の意味。

3 ① known to　② most

解説 ① be known to ～「～に知られている」
②「机の上の本のほとんどは私の兄[弟]のもので
す。」「私にあなたが持っている一番おもしろい
DVD をください。」

4 ① Would you pass me the salt
② You must keep your hands clean
③ want him to finish writing the report as soon as
④ she asks me many questions about
⑤ I have read about twice as many books as you

解説 ①〈pass + 人 + 物〉「(人)に(物)を手渡す」
②〈keep + O + C〉「O を C に保っておく」
wash with が不要。③ as soon as possible
「できるだけ早く」to write が不要。④「彼女は
私に日本についての多くの質問をします。」⑤「私
はあなたのおよそ 2 倍の数の本を読みました。」
as を補う。

5 例 Could you tell me when he will be back?

解説 電話での会話で，話したい相手が不在だとわ
かったときの言葉。最後の B の発言が Yes. で始

まっているので，下線部には疑問文を入れる。B
が「彼のスケジュールを確認させてください。あ
あ，彼は 5 時ごろに戻るでしょう。」と答えてい
ることから考えて，「彼がいつ戻るかを教えてく
れませんか。」という内容の文を入れれば会話が
成り立つ。Do you know ～? でも意味は通じ
るが，相手に物を頼む状況なので，Would
[Could] you ～? で始まる文がベター。

6 ① how
② ア
③ will find out something new
④ つばさ，空気

解説 ①〈how to + 動詞の原形〉「～のしかた[ど
のようにして～すべきか]」(→本冊 p.62)② it
は単数のものを指す。could fly(飛ぶことがで
きた)の主語として適当なのは「飛行機」。
③ find out ～「～を見つける，つきとめる」。
形容詞は something，anything などの後ろ
に置く。④第 2 段落の前半と，第 3 段落の 2 つ目
の文から考える。

全訳
　鳥たちが空を飛んでいた。人々は鳥のように飛び
たいと思った。彼らは飛ぶ方法について考えに考え
た。彼らは何度も飛ぼうと試みた。ついにある人が
飛行機を作った。
　鳥はつばさを使って飛ぶ。空気が鳥を持ち上げる。
人々は鳥の研究からこのことを学んだ。飛行機にも
つばさがある。しかし飛行機は飛ぶためにもう 1 つ
のものを必要とする。ある人が飛行機にプロペラを
つけたとき，飛行機は飛ぶことができた。今では私
たちはジェット機も持っており，人々はとても速く
飛ぶことができる。
　月へ行くこともまた夢だった。しかしジェット機
は空気なしでは飛べないので，人々はそこへ着くこ
とができなかった。ずっとあとになって，ある人が
空気なしで飛ぶためにロケットを作った。
　ロケットはどのようにして飛ぶのか。もし知りた
ければ，最初に風船を手に入れなさい。その風船に
空気を入れなさい。風船がとても大きくなったら，
手を離しなさい。風船の中の空気が外へ出て，風船
はすばやく飛んで行くだろう。同じようにして，ロ
ケットから大量のガスが出るとき，ロケットは空へ

飛び上がる。ロケットはすでに月に着いている。

　人々は今でも星を訪ねたいと思っている。いつかロケットが彼らを星へ運び，人々は何か新しいものを見つけるだろう。

---

7 ① the United States
　　government
　② telephone lines
　③ colleges and businesses
　④ complicated codes

解説 ①「だれがインターネットを始めたいと思ったか。」正解は「米国政府」。第 1 段落の第 1 〜 2 文を参照。②「何が 4 つのコンピューターを接続したか。」正解は「電話回線」。第 2 段落の第 3 文を参照。③「4 つのコンピューターが結びつけられたあと，科学者のほかにだれがインターネットに加わったか。」正解は「大学と企業」。第 3 段落の第 3 文を参照。〈So + V + S.〉の形で「S もまたそうだ。」の意味を表す。So did colleges and businesses. = Colleges and businesses joined in, too. と言いかえられる。other than 〜 は「〜のほかに」。④「1992 年以前には何がインターネットを使いにくくしていたか。」正解は「複雑な記号」。第 4 段落の第 3 文を参照。

全訳

　インターネットはどのようにして始まったのだろうと，あなたは今までに不思議に思ったことがあるだろうか。米国政府がその考えを思いついたのである。1960 年代に，政府はコンピューターの一部を結びつけたいと考えた。そうすれば，コンピューターは情報を共有することができるからだった。

　人々は数年を費やしてその事業に取り組んだ。ついに 1969 年に，4 つのコンピューターが結びつけられた。電話回線がそれらを接続したのだ。3 つのコンピューターはカリフォルニアにあった。それらは別々の市にあった。4 つ目のコンピューターは遠く離れたユタ州にあった。人々はコンピューターからコンピューターへ情報を送った。人々は情報を共有することができた。これがインターネットの始まりだった。

　さらに多くのコンピューターがインターネットに接続された。科学者たちが参加した。大学や企業も参加した。インターネットは成長しつつあった。

　それでもなお，家庭のコンピューターはまだインターネットの一部ではなかった。それはインターネットが使いにくかったからだ。人々は複雑な記号をタイプ入力しなければならなかった。その上，その記号はすべてのコンピューターに対して同じものではなかったのだ。

　1991 年に，ワールドワイドウェブが作られた。それはインターネットをより使いやすくするのに役立った。しかし人々はそれでもいくつかの記号を知らねばならなかった。

　1992 年に，新しいコンピュータープログラムが発明された。人々はもはやワールドワイドウェブを使うためのコードを知る必要がなかった。新しいプログラムでは，人々は単語や絵の上でクリックすればよかった。それからほとんどだれでもインターネットを使うことができるようになった。

語句　※□内は段落の番号。

1 wonder「〜だろうかと思う」 that way「そのようにして」 share「〜を共有する」

2 〈spend + O + -ing〉「〜して O（時間）を過ごす」 work on 〜「〜に取り組む」 finally「最後に，ついに」 far away「遠く離れて」 Utah「ユタ州」

3 join in「加わる，参加する」

4 still「それでもなお」 type in 〜「〜をタイプ入力する」 same「同じ」

5 create「〜を作り出す，開発する」〈help +動詞の原形〉「〜するのに役立つ」

6 invent「〜を発明する」 no longer「もはや〜ない」（否定の意味を含むので，後ろの had to と結びついて「もはや〜する必要はなかった」という意味になる）〈let + O +動詞の原形〉「O に〜させておく，O が〜するのを許す」 click「クリックする」 almost「ほとんど」

5 現在完了⑴── 継続

057 〉① have lived　② have known
　　③ has taught　④ have been

解説 主語が 3 人称単数なら **has**，それ以外なら **have** を使う。

058 ① ア　②イ　③ア　④イ
　　⑤ ア　⑥イ　⑦ア

解説 for や since があるときは現在完了形を使うが，in 2005 や five years ago のように，過去の1時点を表す語句があるときは過去形を使う。⑦は過去進行形。

059 ① **have not visited my uncle since**
　　私はおじを2008年から訪ねていない。
② **have not cleaned my room for two**
　　私は自分の部屋を2週間掃除していない。
③ **has not been at home**
　　彼女は今日の午前中はずっと家にいない。

解説 ③は「今はまだ午前中で，彼女は今も家にいない」ことを表す。

060 ① **Have, been, I have**
② **Has, been, has**
③ **Has, been, hasn't**
④ **long have, For**

解説 現在完了形の疑問文には，have [has] を使って答える。

061 ①イ　②ア　③ア　④イ

解説 ①「私は理科のレポートを書くためにコンピューターを使う必要はない。」（　）の前が haven't なら，空所には過去分詞が入るが，〈don't have + 過去分詞〉という形はない。②「兄[弟]は韓国に1週間いる。」③「彼がアメリカへ向けて出発して以来どのくらいになりますか。」〈It has been + 時間 + since ～〉で「～以来…の時間が経過している」という意味を表す。has been の代わりに is も使える。④ die は「死ぬ」（動詞），dead は「死んでいる」（形容詞）。

⊅ 得点アップ

「父が死んでから10年になる」の表し方
・My father died ten years ago.
・It is ten years since my father died.
・It has been ten years since my father died.
・Ten years have passed since my father died.
・My father has been dead for ten years.

062 ① **given [sent] me**
② **has been**
③ **haven't met [seen]**
④ **since**

解説 ①「私は長い間彼女からメールをもらっていない。」→「彼女は長い間私にメールをくれていない。」②「姉[妹]は5年前にオーストラリアで日本語教師になり，今でもそこで日本語を教えている。」→「姉[妹]はオーストラリアで5年間日本語教師をしている。」③「私が最後に彼女に会って以来7年が過ぎた。」→「私は7年間彼女に会っていない。」④「私たちは5年間ずっと結婚した状態だ。」→「私たちが結婚して以来5年になる。」

063 **have wanted**

解説 「京都は，私が日本に来て以来，ずっと訪ねてみたいと思っている都市の1つだ。」

064 ① **have you been in**
② **I haven't seen you for a long time**
③ **has been one of the most popular drinks among**
④ **We have had little rain for more than two months**

解説 ① were が不要。②「私は長い間あなたに会っていなかった。」と表現する。③ Green tea is ... を現在完了形にしたもの。④「ほとんど雨が降らない。」は We have little rain。こ

れを現在完了形にすると，have は have had になる。less が不要。

065 ① ア　② for → since

解説 ①は have had が正しい。②「昨日の朝から」は since yesterday morning。

066 ① 例 **I have been interested in Chinese movies since last year.**
② 例 **We have been friends since then.**
③ **Jim and I have known each other for ten years.**

解説 ③ Jim and I have been friends for ten years. だと語数が足りないので，「10年間お互いに知っている。」という形にする。

6 現在完了⑵ — 経験

067 ① **have talked**
② **have read, before**
③ **has visited, once**
④ **have seen, times**

解説 ② before は「以前に」。③ ④「1回」は once，「2回」は twice，3回以上は three [four, ...] times。

068 ① 父は韓国へ2回行ったことがある。
② 私はその映画館へ何度も行ったことがある。
③ 私たちは以前北海道にいたことがある。

解説 ② many times は「何度も」。

069 ① **has never**　② **never read**
③ **has never eaten [had]**
④ **has**
⑤ **It has never**

解説 ④ no と ever が結びついて never の意味になる。

070 ① **Have you ever read**
② **Have you ever been**
③ **Have you (ever) heard**
④ **Has your sister (ever) worked**
⑤ **often [many times] have you been**

解説 疑問文に ever を入れると「今までに〜したことがありますか」という意味が明確になる。（入れなくてもよい）

071 ① ア　② ウ　③ ウ

解説 ①「彼はニュージーランドへ1度も行ったことがない。」②「あなたは映画館でアメリカ映画を見たことがありますか。」「はい，でも1度だけです。」③「私は家族といっしょに数回その動物園を訪れたことがある。」several times は「数回」。one や much は複数形の名詞の前には置けない。

072 ① **first, foreign [other]**
② **never, such**
③ **never seen [met]**

解説 ①「これが私が海外旅行をする1回目だ。」→「私はこの旅行の前に外国へ旅行したことは1度もない。」②「これは私が今までにつかまえた[釣った]ことのある一番大きな魚だ。」→「私はこんなに大きな魚をつかまえたことは1度もない。」③「私はあの女性を知らない。」→「私はあの女性に以前1度も会ったことがない。」

⤴ 得点アップ

「今までに〜した最も…な」
(a) This is the + 最上級 + 名詞 (that) I have ever + 過去分詞 .
「これは私が今までに〜したことのある最も…な―だ。」
(b) I have never + 過去分詞 + such + a[an] + 形容詞 + 名詞 .

「私はこんなに…なーを〜したことは1度
もない。」
※ (a)では ever，(b)では never を使う
点に注意。

073 ① went [visited]　② heard
③ haven't, never

解説 ① last year(去年)とあるので過去形を使
う。 ② hear of 〜「〜のことを(うわさで)聞
く」 ③「今までにアメリカへ旅行したことがあ
りますか。」「いいえ。私はアメリカへは1度も行
ったことがありません。」

074 ① Have you been to Okinawa
② How many times have you
been there
③ have never taken such a
difficult test
④ is the second time I have
been to China
⑤ have read this book three
times before

解説 ① have を補う。 ②「あなたはそこへ何回
行ったことがありますか。」for と often が不要。
③「私はこんなに難しいテストを受けたことは1
度もない。」という文にする。 ④「これは私が中
国へ行ったことのある2回目です。」という意味。
⑤ before(以前)は最後に置く。ever が不要。

075 ① 例 How many times have
you (ever) been to
foreign countries?
② 例 Has your father (ever)
come to our school?
③ 例 My sister has never
come home after ten
(o'clock).
④ 例 I have never seen such
an exciting movie.

解説 ①「外国へ行く」は go abroad とも言う
ので，How many times have you (ever)
been abroad? でもよい。abroad は「外国へ」
の意味の副詞なので(go home の home と同
じ)，前に to はつけない。 ④ exciting の前の
冠詞は an。

7 現在完了(3) ─ 完了・結果

076 ① have, finished [done]
② have, had [eaten]
③ has come
④ just heard
⑤ has already left [started]
⑥ I've lost

解説 ⑥ I have の短縮形は I've。同様に you
have → you've，he has → he's。

077 ① 私はまだ彼に電話していない。
② 父はまだ家に帰ってきていない。
③ 私はまだ決めていない。
④ 私はまだその本を図書館に戻してい
ない。

解説 「まだ〜していない」の意味のときは，文末
に yet をつけると意味がはっきりする。

078 ① Has, done
② Have, arrived
③ Has, grown
④ Have you mailed
⑤ Have, changed, yet

解説 yet の意味のちがいに注意。

⊘ 得点アップ

〈肯定文〉S + have [has] already + 過去分
詞 .
「S はすでに[もう]〜してしまった。」
〈否定文〉S + have [has] not + 過去分詞 +
yet.
「S はまだ〜していない。」

〈疑問文〉Have [Has] + S + 過去分詞 + **yet**?
「S はもう～しましたか。」

079 ① イ　② ア　③ ア　④ ア

解説 「行ったことがある」と言うときは go は使わず，have been to ～とする。

080 ① **have just**　② **has become**
③ **never visited**
④ **have, since**

解説 ①「私はこの仕事を10時に終えた。今は10時3分だ。」→「私はこの仕事をたった今終えたところだ。」完了を表す現在完了。②「その歌手は有名になり，その結果今も有名だ。」完了→結果を表す現在完了にする。③「私は以前この博物館を訪れたことが1度もない。」経験を表す現在完了。④「おじが死んで以来3年が経過した。」継続を表す現在完了。

081 ① イ　② ア　③ ア　④ ア

解説 ① for three months（3か月間）は継続を表す現在完了とともに使う。②③「子どもだったとき」や「たった今」は過去の1時点だから，過去形を使う。④ When(いつ)の文には過去形を続ける。

082 ① ウ　② ア　③ イ　④ イ
⑤ エ

解説 ①「犬は見つかりましたか[見つけられましたか]。」だから，受動態にする。②「私は1か月前にここへ来ました。」③ when(～したとき)があるので過去形を使う。④「いいえ，けっこうです。もうたくさん飲んだので」完了(結果)を表す現在完了形。⑤「いいえ，まだです。」No, I haven't finished my math homework yet. を省略した形。

083 ① **has lost**　② **have just been**
③ **has gone**

解説 ①「彼はルームキーをなくして，今持っていない。」→「なくしてしまった。」という現在完了

にする。②「私はたった今郵便局へ行ってきたところです。」③「キョウコはアメリカへ行き，今でもそこにいる。」→「キョウコはアメリカへ行ってしまった。」

084 ① **Has your brother cleaned the bathroom yet**
② **Have you seen the broken window**
③ **a big mistake you have made**
④ **scientists have shown that this is**

解説 ①「あなたの兄[弟]はもうバスルームを掃除しましたか。」② breaking が不要。③ have made は完了(結果)を表す現在完了。④「かつて人々は動物がお互いに意思を通じ合うことはできないと信じていた。しかし科学者たちはこのことが本当ではないということを示してきた。すべての動物はお互いに意思を通じ合うことができると彼らは言う。」

085 ① **have already cleaned**
② **has gone**
③ **hasn't come home yet**
④ **Have you ever had [eaten]**
⑤ **I've never used [I haven't used]**
⑥ **haven't seen [met] her since**
⑦ **is ten years since**

解説 ②「行ってしまった」→「もう(ここには)ない」という意味になる。

086 ① **Has Eri's sister left for America yet?**
② **How often [many times] have you visited the zoo?**
③ **We have lived in this town for three years.**

解説 ①「エリの姉[妹]はもうアメリカへ向けて出

発しましたか。」 ②「あなたはその動物園へ何回行ったことがありますか。」 ③「私たちはこの町に３年間住んでいる。」

087 ① ウ ② ウ ③ ア ④ イ

解説 ①ウは finished が正しい。two days ago（２日前）があるので現在完了は使えない。 ②ウは was studying（勉強していた）が正しい。③アは went が正しい。 ④イは bought（過去分詞）にかえて「私はたった今その曲を買ったところだ」という現在完了にするのが正しい。

088 ① 例 **My parents have gone on a trip.**
② 例 **John hasn't come yet.**
③ 例 **This is the book I've just finished reading.**

解説 ①「行ってしまった」は have gone。②not 〜 yet「まだ〜ない」 ③「ちょうど〜したところだ」は〈have [has] just ＋過去分詞〉で表す。book の後ろには関係代名詞（which, that）を置いてもよい。

8 現在完了進行形

089 ① イ ② ウ ③ イ

解説 ①②have [has] ＋ been ＋〜ing「（今まで）ずっと〜し続けている」 ③know は進行形にできないので，現在完了形で「（前から）ずっと知っている」の意味を表す。

090 ① **haven't been**
② **Have, been waiting, have**
③ **Has, been raining [rainy], hasn't**

解説 現在完了進行形の否定文は，have [has] の後ろに not を加えて作る。疑問文は have [has] を主語の前に置いて作り，have [has] で答える。

091 ① **He has been studying since this morning.**
② **It hasn't been raining for two weeks.**
③ **How long [How many hours] have the children been watching TV?**

解説 ①「彼はけさからずっと勉強している。」②「２週間ずっと雨が降っていない。」 ③「子どもたちはどのくらい[何時間]テレビを見ていますか。」

092 ① **of the city has been increasing**
② **you been reading the book since**
③ **has been talking with someone on the phone for**

解説 ①The population of 〜 has been increasing.「〜の人口が増え（続け）ている。」 ③ on the phone「電話で」

093 ① 例 **I have been listening to music for an hour.**
② 例 **How long have you been waiting here?**

解説 ②「どのくらい（の間）ここで待っているのですか。」と考える。

第2回 実力テスト

1 ① ア ② ア ③ ア ④ ア
⑤ エ ⑥ ア

解説 ①「宿題はやったの？」「うん，１時間前に終わったよ。」ago があるので現在完了形は使えない。 ②「その老人は月へ行ったことがあると言うが，だれも彼の言うことを信じない。」他の選択肢なら to は不要。 ③「宿題はもうやったの？ 終わったらいっしょに映画を見よう。」

④「テディはちょうど銀行へ行ってしまったところだ。30分くらいで戻るよ。」has gone = 行ってしまった(今ここにいない)　⑤「私は一度スペインを訪ねたことがあります。」「ほう，そうですか。」have you (visited Spain)の意味。⑥「小さな子どものころ，私は外国へ2回行った。」過去のことだから現在完了形は使えない。

---

2 ① **over**　② **close**　③ **along**
　　④ **order**　⑤ **waste, waist**
　　⑥ **blew, blue**

解説 ①「授業が終わったとき，雨が降り出した。」「この歌は日本中で有名だ。」　②「後ろのドアを閉めなければならない。」「その公園は駅の近くなので，簡単にそこへ行ける。」　③「クラスメイトと仲良くする必要がある。」「祖父は川沿いを歩くのが好きだ。」　④「このエレベーターは故障している。」「デザートにこのケーキを注文してもいい?」　⑤「私はそんな古いホテルにお金をむだ使いしないことに決めた。」「リッキーは母親の腰に腕を回した。」　⑥「風がろうそくを吹き消した。」「君の青いシャツが好きだ。」

---

3 ① **long, been [lived, stayed]**
　　② **haven't heard**

解説 ② hear from ～「～から便りがある」

---

4 ① **has lost**　② **has gone**
　　③ **been**　④ **has been in [gone to]**　⑤ **never been**
　　⑥ **hasn't rained**
　　⑦ **have passed since**

解説 ①「彼はチケットをなくして，今でも探している。」→「なくしてしまった(状態だ)。」　②「彼は駅へ行ったので，今ここにはいない。」→「行ってしまった。」　③「スチュアートは2010年に神戸を訪ね，今年再び尋ねた。」→「2010年以来2回神戸へ行ったことがある。」　④「フレディは映画館へ行って，今もそこにいる。」　⑤「来月初めてイギリスへ行く。」→「来月イギリスへ行く。今までそこへ一度も行ったことがない。」　⑥「その市では1か月全く雨が降っていない。」　⑦「その有名な科学者が死んで7年が過ぎた。」

---

5 ① **It's been a long time since we met**
　　② **How long have you wanted to know more about foreign countries**
　　③ **We have <u>had</u> little rain for more than two**

解説 ① It's [It has] been ～ since ....「…以来～(の時間)が経っている。」　③現在完了形を作るために had を補う。more than ～「～より多く」

---

6 ① 例 **I'm in [I'm a member of] the basketball club.**
　　② 例 **I have never been to Australia.**
　　③ 例 **I want to make [cook] you some Japanese food during my stay [while I am staying] (at [in] your home [house]).**

解説 ② have never been to ～「～へ一度も行ったことがない」　③〈cook[make]＋人＋物〉で「(人)に(物)を作ってあげる」の意味を表す。make some Japanese food for you も可。

---

7 ① ア　② ア　③ エ
　　④ エ　⑤ ウ

解説 ①「私は3年前大阪に住んでいたときその遊園地へ何度も行った。」アは went が正しい。②「約3時間宿題をしているが，まだ終わらない。」アは doing が正しい(現在完了進行形)。　③「祖母がここにいたときから長い時間が経ちましたね。」エは hasn't it が正しい。　④「ブラウン夫妻はそこへ何回行ったことがありますか。」エの to は不要。have been there で「そこへ行ったことがある」の意味。　⑤ウは been が正しい。現在完了形(have ＋過去分詞)と受動態(be ＋過去分詞)を組み合わせると，下線部が been(be の過去分詞)に変わって〈have ＋ been ＋過去分詞〉となる。

8 ① 例 **I have just finished making [cooking] (my) breakfast.**

② 例 **We have been friends since he came to Hakodate.**

③ 例 **I haven't been to as [so] many countries as my brother.**

④ 例 **I have lived in Wakayama for five years, but I have never been to Kimiidera Stadium.**

⑤ 例 **How long have you known each other?**

⑥ 例 **It's been two weeks since she went back to Canada.**

解説 ③ not as [so] ～ as ... で「…ほど～ない」の意味を表す。　⑤ know each other「お互いを知っている」　⑥文末は付加疑問を使って, ... Canada, hasn't it? としてもよい。また, Two weeks have passed since ... でもよい。

9 不定詞の 3 用法

094 ① **want to**　② **To write**

③ **is to**

解説 ①不定詞が動詞(want)の目的語になっている。　②不定詞が主語。　③不定詞が補語。

095 ① **have a lot of things to do**

② **you bring something to drink**

③ **have many friends to talk with**

解説 前の名詞を不定詞が後ろから修飾する形。

096 ① 日本語を勉強するために

② を聞いて私たちは驚いた

③ 勉強するために図書館へ行った

④ また会えてうれしかった

⑤ (私が)目覚めると

解説 ①③は目的, ②④は感情の原因, ⑤は結果を表す不定詞。

⑦ 得点アップ

感情の原因を表す不定詞の前に置く形容詞

excited ＋不定詞(～して興奮している)

happy [glad, pleased] ＋不定詞
(～してうれしい)

sad ＋不定詞(～して悲しい)

sorry ＋不定詞(～して残念だ)

surprised ＋不定詞(～して驚いている)

097 ① イ　　② ウ　　③ ア　　④ エ

解説 ①「見てわくわくした」感情の原因を表す副詞的用法。イ「ここで会えてうれしい」が同じ用法。　②「その試合をテレビで見るために」目的を表す副詞的用法。ウ「医者になるために」が同じ用法。　③「見たい」I'd like to は I want to と同じ意味。名詞的用法の不定詞で, ア「ネットサーフィンをすること」が同じ用法。　④「見るための多くの番組」形容詞的用法の不定詞で, エ「助けてくれる友だち」が同じ用法。

098 ① **nothing**

② **the first person [man] to**

解説 ①「金曜日は何もすることがない。」②to walk は前の名詞(person)を修飾する形容詞的用法の不定詞。

099 ① **to hear**　② **no time**

③ **nothing to do**

④ **have to**　⑤ **Don't forget**

⑥ **nothing more**

解説 ①「その知らせを聞いて残念に思った。」②「本を読むための時間がない。」　③「明日はすることがないだろう。」　④「私たちが今まずしなければならないのは正しいことをすることだ。」　⑤「私にすぐに手紙を書くことを覚えておきなさい。」→「私にすぐに手紙を書くことを忘れては

いけません。」 ⑥上の文は all の後ろに関係代名詞(that)が省略されており，「それが私が言わなければならないすべてのことだ。」という意味になる。下の文は「私はそれ以上言うためのことを持っていない。」，つまり「言いたいことはそれだけだ。」ということ。

---

100 ウ

解説 ウは to drink にかえて「私が彼に飲むためのもの[飲み物]をあげたとき」とするのが正しい。

101
① something we can to save the earth
② I don't have <u>anything</u> to give you
③ Would you like something cold to
④ Will you <u>lend</u> me something to write <u>with</u>

解説 ①We have to do something (that) we can (do) to save the earth. ということ。to save は目的を表す副詞的用法の不定詞。②to give は形容詞的用法の不定詞。anything と to を補う。否定文なので anything となる。③cold の位置に注意。形容詞は something[anything, nothing] の後ろに置く。could が不要。④write with a pen(ペンで書く)→ a pen to write with(書くためのペン)→ something to write with(書くためのもの[道具])。この with と「貸す」の lend を補う。

---

102 例 Did you have a chance to have [eat] Chinese food in China?

解説 ⟨a chance ＋不定詞⟩「～するための機会」

103
① 例 To write an English letter is difficult for me.
② 例 I want to send my friend an e-mail, because he [she] can answer it easily.

解説 ①形式主語(→本冊 p.64)を使って，It is difficult for me to write a letter in English. としてもよい。②正解例の意味は「私は友人に E メールを送りたい，なぜなら彼[彼女]が簡単に返事を書けるから。」I'll write a letter to my friend, because I can put many photos in it.「私は友だちに手紙を送るつもりだ，なぜならその中にたくさんの写真を入れることができるから。」などの答えも考えられる。

---

10 動詞＋目的語＋不定詞

104
① us to ② to help
③ her to ④ you to

解説 これらの形では，不定詞の前に置かれた「人」が，不定詞の表す動作をする。

105
① I want my father to buy (me) a camera.
② We asked him to make a speech.
③ He told them to use the room for the meeting.

解説 tell はこの形で使うときは，「話す」ではなく，「～するように言う[命じる]」という意味。

---

⑦ 得点アップ

⟨＋O ＋不定詞⟩の形をとる動詞
advise ＋O ＋不定詞
(O に～するよう忠告する)
allow ＋O ＋不定詞(O が～するのを許す)
ask ＋O ＋不定詞(O に～するよう頼む)
force ＋O ＋不定詞(O にむりやり～させる)
get ＋O ＋不定詞
(O に～させる[してもらう])
help ＋O ＋不定詞(O が～するのを手伝う)
tell ＋O ＋不定詞
(O に～するように言う[命じる])
want [would like] ＋O ＋不定詞
(O に～してもらいたい)
これらのうち help は，不定詞の to が省略されることがある。

· I **helped** her **(to) do** her homework.
（私は彼女が宿題をするのを手伝った。）

使役動詞・知覚動詞など

(a) 使役動詞：「～させる」という意味を持つ
  次の動詞は，不定詞の代わりに動詞の原
  形を使う。
  have ＋ O ＋動詞の原形
   （O に～させる［してもらう］）
  let ＋ O ＋動詞の原形
   （O に～させる［させておく］）
  make ＋ O ＋動詞の原形
   （O に（むりやり）～させる）
  · They **made** the children **work**.
   （彼らは子どもたちを働かせた。）

(b) 知覚動詞：「見る」「聞く」などの意味を
  持つ次の動詞は，不定詞の代わりに動詞
  の原形または現在分詞を使う。
  see ＋ O ＋動詞の原形[-ing]
   （O が～する［している］のを見る）
  hear ＋ O ＋動詞の原形[-ing]
   （O が～する［している］のを聞く）
  feel ＋ O ＋動詞の原形[-ing]
   （O が～する［している］のを感じる）
  · I **heard** birds **sing [singing]**.
   （私は鳥がさえずる［さえずっている］の
   が聞こえた。）

(c) keep：不定詞の代わりに現在分詞を使う。
  keep ＋ O ＋ -ing
   （O が～しているままにしておく，O に
   ～させておく）
  · Don't **keep** her **waiting** outside.
   （彼女を外で待たせたままにしてはいけ
   ない。）

---

106 ① イ ② ウ ③ イ

解説 ②〈decide not ＋不定詞〉「～しないことを
決心する」 ③〈try not ＋不定詞〉「～しないよ
う試みる」

---

107 ① **had better start now**
  ② **had better not work too**
   much

解説 had better は 1 つの助動詞と考える。had
better to ～とは言わない。①②とも to が不要。

---

108 ① **like you to do something**
  ② **always asks me to read a**
   book to her before she
   goes
  ③ **had better not stop to**
   talk
  ④ **I want you to take a**
   picture of her
  ⑤ **had no friends to talk**
   with about the problem
  ⑥ **told me not to be late for**
   school
  ⑦ **had better see your**
   doctor as soon as you can

解説 ①「私はあなたにあることをしてもらいた
い。」 ② reading が不要。 ③ had better not
～「～しないほうがいい」 ④ want to ～「～
したい」の want と，「～の」を表す of を補う。
⑤ talk with a friend「友だちと話す」→ a
friend to talk with「（いっしょに）話すための
友だち」with を補う。 ⑥〈tell ＋人＋ not to ～〉
「（人）に～しないように言う」この tell の過去形
told と be late for ～「～に遅れる」の for を
補う。 ⑦ better と as を補う。

---

109 **me to**

解説「窓を開けましょうか。」→「あなたは私に窓
を開けてほしいですか。」

---

⑦ 得点アップ

Shall I ～ ?（～しましょうか。）
＝ Do you want me to ～ ?
（あなたは私に～してほしいですか。）

---

110 ① エ ② ア

解説 ①「彼はあなたに教科書を開くように言いま
した。」 ②「彼女はよく秘密を友だちに言う。君
はそれを彼女に話さないほうがいい。」

111 ① **told her not**
　　② **tell him to call**

解説 ①〈tell ＋ 人 ＋ not to 〜〉「(人)に〜しないように言う」

112 ① 例 **I was very busy yesterday.**
　　② 例 **My mother always tells me to do so [that].**

解説 ②「言う」を tell で表すのがポイント。

113 例 **Be careful not to eat or drink too much during your trip.**

解説 「〜しないように注意する。」は，Be careful not to 〜. や Take care not to 〜. で表す。

11 疑問詞＋不定詞

114 ① **teach me how to ski**
　　② **know how to solve this problem**
　　③ **know how to get the ticket**

解説 how to 〜は「〜のしかた」と訳せることが多い。たとえば③は「チケットの手に入れ方」でもよい。

115 ① **what to**
　　② **when to**
　　③ **where to**
　　④ **which, to buy**
　　⑤ **to come**

解説 たとえば①では，what to say = what I should say(私が何を言うべきか)のように言いかえられる。

116 ① ウ　　② ア

解説 ①「ケンはこのコンピューターの使い方を知らない。」　②「お父さんに何を買ってあげるか決めましたか。」

117 ① **how to**　　② **when to**

解説 ①「博物館への行き方を教えてもらえますか。」　②「彼はいつパーティーを始めるべきかがわからない。」

118 ① **This book will tell us where to find the plant**
　　② **She didn't tell us when and where to meet**

解説 ① where to 〜「どこで〜すべきか」where を補う。　② tell と meet を補う。meet は gather(集まる)でも可。

119 例 **I want to know where to learn it [take lessons].**

解説 間接疑問を使って，I'd like to know where I should learn it. とも表現できる。

12 不定詞を含む重要構文

120 ① **It is interesting to study a foreign language.**
　　外国語を学ぶことはおもしろい。
　　② **It is important to help each other.**
　　お互いを助け合うことは大切だ。
　　③ **It is not easy to answer the question.**
　　その質問に答えるのは容易ではない。

解説 後ろの不定詞を受けるこのような it を「形式主語(の it)」と言う。

121 ① **necessary for us to save energy**
　　② **good for our health to do**

sports
③ **impossible for them to finish this work**

解説 ②は good for our health が「私たちの健康にとってよい」という意味になる。

122 ① **too, to**　② **too, for, to**
③ **enough to**　④ **kind enough**

解説 too も enough も，後ろに〈for＋人＋不定詞〉の形を置いて「(人)が〜するには[するのに]」という意味を表すことができる。

123 ① **so, that**　② **so, could**
③ **too, to**
④ **too, for, to read**

解説 ④で，上の文には最後に it があり，下の文の最後には it がない点に注意。too や enough を使った形では，最後の目的語は不要。
・This problem is too difficult for me to solve.
(この問題は私が解くには難しすぎる。)
= This problem is so difficult that I can't solve it.
(この問題はとても難しいので，私はそれを解くことができない。)

124 ① **it easy for**　② **enough**
③ **too heavy for me**　④ **It, to**
⑤ **too proud to**　⑥ **takes, to**

解説 ①「それをすることはあなたにとって簡単ですか。」　②「私は家族にプレゼントを買えるくらい早く駅へ行った。」　③「この箱は私が運ぶには重すぎた。」　④「彼女の家を見つけることは私にとって簡単だった。」　⑤「彼の誇りは彼がその金を受け取ることを許さなかった。」→「彼はその金を受け取るには誇り高すぎた。」〈allow＋O＋不定詞〉は「Oが〜するのを許す」の意味。⑥take ... to 〜「〜するのに…(時間)かかる」

125 ① 例 **it was not easy for me to talk[speak]**

② 例 **I did not know what to do for**

解説 ①「たやすくなかった」は過去形だから，it was not easy とする。　② what to do「何をすべきか」

126 例 **Some people don't understand when and where to use their cell[mobile] phone(s).**

解説 「〜する人もいる」は Some people で文を始める。〈疑問詞＋不定詞〉の形を利用する。「携帯電話」は単に cell または mobile とも言う。

127 ① **the time for leaves to change**
② **It is impossible for me to imagine life without TV**
③ **It's hard to tell you how to get there**
④ **It is easy for Bill to get up early**
⑤ **The box was too big for her to lift**
⑥ **was kind enough to show me the**
⑦ **Do you think it is warm enough to**

解説 ①「それ[秋]は葉が色を変える時期だ。」leaves は leaf(葉)の複数形。②形式主語を利用する。③how to get there「そこへの行き方」where が不要。④it と for を補う。⑤for を補う。⑥「彼女は私に〜を教えてくれるほど親切だった」と表現する。so が不要。⑦warm enough to 〜「〜できるほど暖かい」

128 例 **It is difficult[hard] to walk there.**

解説 「そこへ歩いて行く」は walk there。walk to the hotel や go there on foot でもよい。

13 原形不定詞など

129 ① laugh　② him　③ look

解説 make + O + 原形不定詞「O に〜させる」

130 ① me know　② Let me
　　③ let us use

解説 let + O + 原形不定詞「O が〜するのを許す」

131 ① come, coming
　　② call, calling
　　③ touch, touching　④ waiting

解説 see, hear, feel の後ろには〈O + 〜ing〉と〈O + 原形不定詞〉の両方を置ける。keep の後ろには原形不定詞は置けない。

132 ① ウ　② ウ　③ ウ　④ ア

解説 ①「先生は私たちに熱心に勉強するようにと言った。」　②「だれかに宿題を手伝ってくれるよう頼みます。」　③「先生は私たちが教室から出るのを許さなかった。」　④「私がこの犬小屋を作るのを手伝ってくれますか。」

133 ① エ　② エ　③ ア　④ ア
　　⑤ ウ

解説 ①「何があなたに地理の代わりに歴史を勉強する決心をさせたのですか。」　②「その少年が犬といっしょに走っているのを[犬といっしょに走っている少年を]見なさい。」　③「土曜日はひま?」「そうね, 予定を確認させて。」　④「あの犬が何か食べているのが見える?」　⑤「ドアのかぎを開けたままにしておいてはいけない。」leave O unlocked「O をかぎがかけられていない(状態の)ままにしておく」

134 ① Teaching children how to
　　play music will help them
　　② What made you decide to
　　study Chinese
　　③ What makes you think so
　　④ You should have Tom fix
　　the computer right

解説 ② What made you decide to 〜?「何があなたに〜する決心をさせたのか。」　④ have + O + 原形不定詞「O に〜させる, してもらう」

135 ① ア　② ウ

解説 ①「ジェニーがパーティーでギターをひく[ひいている]のが聞こえた。彼女は本当にうまくやった。」アは play [playing] が正しい。　②「これらのいすを体育館へ運ぶのを手伝ってくれますか。」ウは (to) carry が正しい。

136 ① have you been
　　② kept you waiting
　　③ lost my way　④ look

解説 ② keep + O + 〜ing =「O が〜しているままにしておく」　③ lose one's way = get lost =「道に迷う」

[全訳]
A: 生きていたのか!　だいじょうぶ?　どこへ行ってたんだい。
B: ごめん。すっかり待たせたね。ちょっと散歩に出ていたんだ。でも森で道に迷ったんだ。
A: 君の帰りがあまり遅いから, 途中で何か悪いことが起きたのかもしれないと心配したよ。
B: とても心配をかけて本当にごめん。幸い, 2〜3時間くらいさまよった末に, この宿に通じる道路に出ていたんだ。
A: だいじょうぶかい。顔色が悪いよ。
B: ちょっと疲れただけさ。
A: 今夜十分眠れば元気になるよ。

137 ① 例 This medicine will make
　　you feel better [good].
　　② 例 Don't keep your friends
　　waiting so long.
　　③ 例 This textbook will help
　　you (to) improve your
　　English.

④ 例 **I heard some boys talking loudly in the classroom.**

解説 ①「この薬はあなたの気分をよくするだろう。」と表現する。 ③ help + O + (to +) 動詞の原形「O が〜するのに役立つ」

14 分詞

138 ① **Look at the boys swimming in the river.**
② **Who is that girl talking with Emi?**
③ **The woman standing over there is my mother.**

解説 現在分詞が前の名詞を修飾する形。ただし現在分詞が1語のときは，a sleeping baby(眠っている赤ちゃん)のように名詞の前に置く。

139 ① **spoken** ② **written**
③ **broken**

解説 過去分詞が前の名詞を修飾する形。ただし過去分詞が1語のときは，③のように名詞の前に置く。

140 ① ア ② エ ③ エ ④ エ

解説 ①「音楽室でピアノをひいている女性は私の先生だ。」 ②「これは姉[妹]によって使われている部屋だ。」 ③「びんの中にはミルクがほとんど残っていない。」There is 〜 left. で「〜が残って[残されて]いる。」という意味を表す。 ④「パーティーに招待された人々の何人かは来られなかった。」

141 ① **He is reading a book written in English**
② **The earth seen from space looked like a blue ball**

解説 ① written と in を補う。 ② seen と a を補う。

142 ① **church standing, built**
② **novels written by**

解説 ①は standing，②は written が前の名詞を修飾する。

143 例 **What are the languages spoken in India?**

解説 spoken が前の the languages を修飾する。インドでは実際には多くの言語が話されているので複数形で尋ねるのが自然だが，予備知識がなければ What is the language spoken in India? でもよい。

15 動名詞

144 ① 私たちは海で泳ぐのを楽しんだ。
② その赤ちゃんは突然泣き出した。
③ 教室の中で走るのをやめなさい。

解説 ①〈enjoy + 動名詞〉「〜するのを楽しむ」 ②〈begin + 動名詞[不定詞]〉「〜し始める」 ③〈stop + 動名詞〉「〜するのをやめる」

145 ① **Eating too much is bad**
② **hobby is collecting toys**

解説 動名詞が①では主語，②では補語になっている。

146 ① イ ② ア

解説 before は「〜の前に」，without は「〜せずに，〜なしに」という意味の前置詞。

⤴ **得点アップ**

before・after に続く形
・Close the windows **before you go**
 to bed. 接続詞 S V
= Close the windows **before going** to
 bed. 前置詞 動名詞
 (寝る前に窓を閉めなさい。)

・I'll wash the dishes <u>after</u> <u>I</u> <u>have</u>
dinner.　　　　　　接続詞　S　V
= I'll wash the dishes <u>after</u> <u>having</u>
dinner.　　　　　　前置詞　動名詞
（夕食をとったあとで皿を洗います。）

147 ① **at making**　② **going**
③ **about playing**
④ **for helping**

解説 ② look forward to の to は前置詞なので，
後ろには動名詞を置く点に注意。

148 ① **using**　② **to sell**
③ **raining [to rain]**
④ **raining**

解説 ①〈finish ＋動名詞〉「〜し終える」
②〈decide ＋不定詞〉「〜することを決心する」
③〈start ＋動名詞[不定詞]〉「〜し始める」
④〈stop ＋動名詞〉「〜するのをやめる」

149 ① ア　② ア　③ ウ　④ ウ
⑤ ウ

解説 ①「フランス料理の作り方を学ぶために」と
すれば意味が通るので，目的を表す不定詞を使う。
②〈Would you mind ＋動名詞 ?〉「〜していた
だけますか。」(→解答 p.3「mind を使った表現」)
③〈remember ＋動名詞〉「〜したことを覚えて
いる」 ④〈decide ＋不定詞〉「〜することを決
心する」 ⑤〈give up ＋動名詞〉「〜するのをや
める」

⊅ 得点アップ

〈＋動名詞〉と〈＋不定詞〉の使い分け
① 後ろに動名詞・不定詞の両方を置ける動詞
　(a) どちらを置いても意味がかわらないもの
　begin[start] ＋不定詞[動名詞]「〜し始める」
　like ＋不定詞[動名詞]「〜するのが好きだ」
　(b) どちらも置けるが意味がかわるもの
　remember[forget] ＋動名詞
　　「〜したことを覚えている[忘れる]」
　remember[forget] ＋不定詞
　　「〜することを覚えておく[〜し忘れる]」

stop ＋動名詞「〜するのをやめる」
stop ＋不定詞「〜するために立ち止まる」
② 後ろに不定詞しか置けない動詞
　decide ＋不定詞「〜することを決心する」
　hope[wish] ＋不定詞「〜することを望む」
　learn ＋不定詞「〜することを学ぶ」
　need ＋不定詞「〜する必要がある」
　plan ＋不定詞「〜するつもり[予定]だ」
　promise ＋不定詞「〜する約束をする」
　try ＋不定詞「〜しようとする」
　want[would like] ＋不定詞「〜したい」
③ 後ろに動名詞しか置けない動詞
　enjoy ＋動名詞「〜するのを楽しむ」
　finish ＋動名詞「〜し終える」
　give up ＋動名詞「〜するのをやめる」
　mind ＋動名詞「〜するのをいやがる」
　practice ＋動名詞「〜するのを練習する」

150 ① **Studying English there**
has been
② **is looking forward to**
swimming in the sea this
weekend
③ **you for showing us**
around Japan
④ **Eating [Having] breakfast**
plays a big part in
everyday life

解説 ①「そこ[カナダ]で英語を勉強することは彼
女の長年の夢でした。」 ②look forward to
-ing「〜することを楽しみに待つ」swim が不
要。 ③「私たちに日本を案内してくれてありが
とう。」 ④動名詞が主語になる形。Eating
[Having] を補う。

151 ① **after having**
② **about having**
③ **Eating, make**
④ **making, noise [sound]**

解説 ①「トムは朝食をとったあとで学校へ行っ
た。」 ②「向こうの店でお茶を飲むのはどうで
すか。」 ③「食べすぎることはあなたを病気にす

るだろう。」 ④「私は音を立てないでドアを開け
ようとした。」

---

152 ① エ　② ア

解説 ①エは is fun が正しい。「写真を撮ること
は楽しい。」の意味で, 動名詞が主語のときは単
数扱い。 ②アは文の主語になるので Being また
は To be が正しい。「他人に対して親切であるこ
とは, 私がこの童話から学んだことです。」

---

153 ① **it will stop raining**
② **without saying goodbye**

解説 ①〈stop ＋ 動名詞〉「～するのをやめる」
② without -ing「～しないで」

---

154 例 **I'm sorry for losing your
book.**

解説 I'm sorry for -ing.「～してすみません。」

---

155 例 **Thank you for inviting us
to your house [home].**

解説 Thank you for -ing.「～してくれてあり
がとう。」

第3回 実力テスト

1 ① ウ　② ウ　③ エ
④ エ　⑤ イ　⑥ ア

解説 ①「赤ん坊を背負ったその女性は疲れている
ように見えた。」carryin 以下が前の woman を
修飾する形。 ②「将来の世代にはロボットととも
もに生きるための最善の方法について考え続けて
ほしい。」want ＋ O ＋ to ＋ 動詞の原形「O に
～してほしい」, keep ＋ ～ing「～し続ける」
③「丘から見える朝日はとても美しい。」「太陽が
見られる」という関係だから過去分詞を使う。
④「馬を水まで連れて行くことはできるが, 馬に
水を飲ませることはできない。」make ＋ O ＋ 原
形不定詞「O に～させる」 ⑤「私はひざのけが
でサッカーをするのをあきらめた。」give up

~ing「～するのをあきらめる」 ⑥「窓を開け
たままにしておくとは君は不注意だ。」It is ＋性
格を表す形容詞 ＋ of ＋ 人 ＋ to ＋ 動詞の原形「～
するとは(人)は…(な性格)だ」

---

2 ① **that Ken cannot [can't]**
② **without visiting**
③ **let, look**　④ **made of**
⑤ **want, to**
⑥ **about swimming**

解説 ①「この本はケンが読むには難しすぎる。」
→「難しくてケンには読めない。」 ②「私は東京
を訪ねるときは原宿を訪ねたい。」→「原宿を訪
ねることなく東京を去りたくない。」 ③「あなた
の辞書を見せてください。」let ＋ O ＋ 原形不定
詞「O が～するのを許す」, have a look at ～
「～を(ちょっと)見る」 ④「ジョンは紙(ででき
た)飛行機で遊んでいる。」 ⑤「その箱を運びま
しょうか。」→「私に運んでほしいですか。」
⑥「今から私たちといっしょに泳ぎましょうか。」

---

3 ① **want, to, talking**
② **makes you look**

解説 ①stop ～ing「～するのをやめる」
②make O look～「O が～に見えるようにする」

---

4 ① ア　② ア　③ イ　④ ア

解説 ①「ナイフで肉を切っている男性は私の兄
[弟]です。」アは cutting が正しい。 ②「他人
に親切にすることは私が祖母から学んだことだ。」
アは Being(主語の働きをする動名詞)が正しい。
③「そのレストランは, そんなに長く待つことに
なると私たちに伝えずに, 私たちを30分待たせた
ままにした。」イは waiting が正しい。 ④「先
生が教室に入ってきたとき, ナンシーは話すのを
やめて静かになった。」アは talking が正しい。

---

5 ① **swimming**　② **taken**
③ **drove**　④ **forgetting**
⑤ **met**

解説 ①「泳ぎを楽しみましたか。」「ええ, 暖かい
日で, 水もあまり冷たくなかったです。」 ②「こ

れは何て美しい写真だろう。」「ええ，それは山頂から撮影されたものです。」　③「君は本当に疲れているようだ。」「うん，ゆうべ大阪から東京まで6時間以上運転したんだ。」　④「あの有名な作家が亡くなってから100年近くになります。」「ええ，近ごろは多くの人が彼の名前を忘れつつあります。」　⑤「近ごろ君のおじさんはどうしているの。」「よく知らないんだ。最近会っていないから。」

---

6 ① are surrounded by information telling us what is
② My mother asked me to wash the dishes
③ told me to study as hard as
④ Most of the people invited to the party were
⑤ decided what to give your daughter as
⑥ too hard for her to travel without her parents
⑦ Be careful not to wake up the baby when you enter
⑧ He doesn't seem to like being spoken to
⑨ haven't decided whether to paint the wall red or blue

解説 ① telling 以下が前の information を修飾する形。　② ask + O + to + 動詞の原形「O に～するよう頼む」　③ tell + O + to + 動詞の原形「O に～するように言う」　④ invited 以下が前の people を修飾する形。　⑤「娘さんに誕生日プレゼントとして何をあげる(べき)か決めましたか。」「そうですね。ハリーポッターシリーズの第7巻をやる予定です。」　⑥「カレンは祖父母に会いに一人でニューヨークへ行くと言ったよ。」「冗談でしょう。彼女はほんの6歳よ。親なしで旅行するのは彼女には難しすぎるわ。」　⑦ be careful not to + 動詞の原形「～しないよう気をつける」　⑧ seem to + 動詞の原形「～するらしい」，being spoken to「話しかけられる

こと(受動態を動名詞にした形)」　⑨ whether to + 動詞の原形「～すべきかどうか」

---

7 ① 例 Can [Could, Would, Will] you ask him to help me with my homework?
② 例 Listening to music makes me happy.
③ 例 The tree (standing) on the hill is two hundred years old.
④ 例 I am looking forward to meeting [seeing] you.
⑤ 例 They are looking for a bookstore selling foreign books [books from abroad].

解説 ① help 人 with ～「(人)の～を手伝う」　② make + O + C「O を C にする」　④ look forward to ～ing「～するのを楽しみに待つ」　⑤ selling の代わりに that [which] sells でも可。

---

8 (1) 例 Would you mind making it for me
(2) 例 it is not good for you to stay up late
(3) 例 Why don't you go to bed (right) now

解説 (1) Would you mind ～ing?「～してもらえますか。」　(2) it isn't good for your health to stay up late でもよい。　(3) Why don't you ～?「～してはどうですか，～すればいいのに。」

全訳
母：まだ起きているの？　夜のこんな時間には眠っているだろうと思ったわ。
息子：明日のテストのために勉強していて，頭が痛いんだ。熱いココアが飲みたいな。(1)作ってもらってもかまわない？
母：いいわよ。作ることはできるけれど，(2)夜ふかしするのは体によくないわ。もっと早く寝るべき

よ。夜中には頭がうまく働かないと思うわ。

息子：そうだね。ココアを飲んだ後で寝るよ。

母：ココアを飲んだ後で？　それじゃあ頭がさえる
わよ。⑶今すぐに寝たらどう？　ココアは朝食に
作ってあげるわ。

息子：わかった，そうするよ。

語句

awake 起きている　headache 頭痛　stay up
late 夜ふかしする　brain 脳　feel clearheaded
頭がさえた感じがする

16 主格の関係代名詞

156 ① (who plays soccer very well)
私はサッカーをするのがとても上手
な男の子を知っている。

② (which was written by a famous writer)
彼は有名な作家によって書かれた本
を読んだ。

③ (who is talking over there)
向こうで話している男の人は私の父
です。

④ (which stands near our school)
私たちの学校の近くに建っている高
い建物[ビル]は病院です。

157 ① who　② who is
③ who lives

解説 ①「私は歌うのがとても上手な友だちを持っ
ている。」　②「スピーチをしている男の人は私た
ちの先生です。」　③「あの家に住んでいる男の人
を知っていますか。」

関係代名詞と現在分詞の関係

(a) the girl singing a song
= the girl who is singing a song
（歌を歌っている女の子）

(b) people living in Tokyo
= people who live [× are living]
in Tokyo
（東京に住んでいる人々）
live は状態を表す動詞なので，進行形に
はしないことに注意。次の例も同様。

(c) a dog having a long tail
= a dog which has [× is having] a
long tail
（長い尾を持つ犬）

158 ① This is a shirt which was
made in China.
これは中国で作られた[中国製の]
シャツだ。

② Can you see the house
which stands on that hill?
あの丘の上に建っている家が見えま
すか。

③ The dog which has a long
tail is mine.
長い尾を持っている犬は私のだ。

159 ① that is　② that is
③ that was　④ that goes

解説 ①「めがねをかけている女性を知っています
か。」　②「コーヒーを飲んでいる男の人は私のお
じだ。」　③「これは約100年前に描かれた絵だ。」
④「博物館へ行くバスに乗りなさい。」

160 ① baseball player who is
known all over

② is one of the people who
cook for us

③ This is the map which
shows the way

④ Those who came in second
received medals made

⑤ who was wearing a big
hat sat in

⑥ Nobody will believe a

person who [that] breaks
his or her promise

解説 ①「彼は日本中で知られている野球選手だ。」
②「たぶん彼女は軽食堂で私たちに料理を作って
くれる人たちの 1 人だろう。」of を補う。
④ made 以下は前の名詞(medals)を修飾する。
⑤ wore が不要。⑥ who [that] を補う。

---

161 ウ

解説 ウは have が正しい。主語が「野球チームに
入りたい新入生たち」で複数だから。

---

162 ① イ   ② イ

解説 ①「私は病院で私の世話をしてくれた看護師
を覚えている。」 ②「2 か月間私の家に泊まって
いる女性はカーペンターさんだ。」

---

163 ① who [that] has
② who [that] is sitting
③ which [that] were
④ who [that] can't [cannot]

解説 ①「私には青い目をした友人がいる。」
②「ベンチに座っている女の子は私の友だちだ。」
③「ジュディーは日本で作られた人形をたくさん
持っている。」 ④「私のクラスにはコンピュータ
ーを使えない生徒は 1 人もいない。」

---

164 ① 例 The old man lives in a
house which [that] was
built about a hundred
years ago.
② 例 The man who [that] is
talking with a beautiful
woman by [near] the door
is our English teacher.

解説 ① which [that] was を省いてもよい。
② who [that] is を省いてもよい。

---

165 例 Look at the tall player
who [that] is standing by
[near] the bench.

解説 who is を省いてもよい。

---

17 所有格・目的格の関係代名詞

166 ① He has a daughter whose
name is Ann.
② Look at that mountain
whose top is covered with
snow.
③ The girl whose hair is
long is Naoko.

解説 ①「彼にはアンという名前の娘がいる。」
②「頂上が雪でおおわれたあの山を見なさい。」
③「髪の長い女の子がナオコだ。」

---

167 ① This is the book which I
wanted to read.
これは私が読みたかった本だ。
② The book that I bought
yesterday was interesting.
私が昨日買った本はおもしろかった。
③ A boy whom I know very
well won the speech
contest.
私がよく知っている男の子が弁論大
会で優勝した。

解説 これらの関係代名詞はすべて省略することが
できる。実際には省略されることが多い。(→本
冊 p.92)

---

168 ① which [that], in
② which [that], for
③ who(m) [that], with [to]
④ who(m) [that], with

解説 これらの関係代名詞も，すべて省略できる。
特に関係代名詞の whom は，話し言葉ではほと
んど使われない。

169 ① ア　②イ　③イ　④イ
⑤ ア

解説 後ろに動詞があるときは，主格の関係代名詞を使う。

170 ① The village which I visited last year was very quiet
② house whose roof you can see over there
③ there are some teachers whose names I don't know
④ This book is for students whose language isn't English
⑤ This is the town which we lived in two years ago
⑥ The medicine which the Japanese doctors sent to India was used to
⑦ whose novels are read by many people will come to

解説 ①⑤⑥ which は目的格の関係代名詞。① went が不要。② whose は先行詞が物の場合にも使える。is が不要。⑤ we lived in the town（私たちはその町に住んでいた）→ the town which we lived in（私たちが住んでいた町）in を補う。⑥ who が不要。⑦ that が不要。

171 エ

解説 エは has kept（現在完了形）が正しい。「ミミはおばが10年間飼い続けている飼いネコの1匹だ。」

172 ① ア　②イ

解説 ①「あなたはジェーンが先月訪れた町の名前を覚えていますか。」②「彼女は切手を集めるのが趣味の男の人に会った。」

173 ① countries, visit
② whose fathers are

解説 ① go the countries とは言えないので，最後の（　）には visit を入れる。② their fathers are doctors から考える。

174 whose picture

解説 「絵が賞を取った女の子はそのクラスで一番年下だ。」

175 The mountain which[that] you see over there is Mt. Fuji.

解説 「向こうに見える山は富士山だ。」

176 ① 例 I (have) lost the bag which[that] my mother had bought (for) me last month.
② 例 May[Can] I read the letter which[that] Mike wrote?
③ 例 But I want something which[that] we don't usually see[find] in Japan.

解説 ③「日本にあまりないもの」は，「私たちが日本でふだん見ないもの」と言いかえる。a thing I can't get easily in Japan（日本では簡単に手に入れることのできないもの），something that is hard[difficult] to get in Japan（日本では手に入れにくいもの）などでもよい。

18 that の特別な用法

177 ① Mary was the only student that passed the difficult test.
メアリーはその難しいテストに合格したただ一人の生徒だった。
② All the food that we had at the restaurant was

delicious.
私たちがそのレストランで食べたす
べての料理がおいしかった。
③ **Who is the girl that is singing on the stage?**
舞台の上で歌っている女の子はだれ
ですか。

解説 ①は the only, ②は all があるので，関係代名詞は that が好まれる。ただし who や which を使っても間違いではない。③では who を使うと1つの文に who が2つ出てきて口調が悪いので，that を使う。ただし，that is を省略する方が自然な文になる。

178 ① エ　② イ　③ ウ　④ ア

解説 ①「あの」の意味の形容詞。②「丘の上に建っている家」で主格の関係代名詞。イ「ずっと昔に建てられた教会」の that が同じ用法。③「〜ということ」の意味の接続詞。ウ「〜だとは思わない[〜ではないと思う]」の that が同じ用法。④「これは私が今までに見たことのある一番大きな犬だ」目的格の関係代名詞。ア「君がぼくに貸してくれたマンガ」の that が同じ用法。

179 ① **and her dog that are crossing the street**
② **The boy and the dog that are always running around in this park live near**
③ **These are the best fireworks that I have ever seen**
④ **This is the saddest movie that I've ever seen**

解説 ①②先行詞が〈人＋人以外〉のときは，関係代名詞は that を使う。③「これらは私が今までに見た中で最高の花火だ。」④「これは私が今までに見た中で最も悲しい映画だ。」

180 **prettiest, that**

解説 「ナンシーは，私が今までに会った中で一番

かわいい女性だ。」

181 例 **This is the coldest weather that I've ever experienced.**

解説 「これは私が今までに経験した中で一番寒い天候だ。」that I've の代わりに that を省略して I have としてもよい。

182 例 **Who is that child that is wearing a white dress?**

解説 that is を省略してもよい。

19 関係代名詞の省略

183 ① **that**, あなたが一番好きな歌手はだれですか。
② **that**, 私たちが泊まったホテルは駅の近くにありました。
③ **that**, これは私の父がコーヒーを飲むのに使っているカップです。

解説 目的格の関係代名詞は省略できる。

⊅ 得点アップ

S is C. の形を例にとって，関係代名詞を使ったさまざまな文を見てみよう。
① S が先行詞の場合
　→ S +関係代名詞 + is + C.
(a) The boy who is standing there is Ken.
（あそこに立っている男の子はケンだ。）
(b) The boy (whom) I met there is Ken.
（私がそこで会った男の子はケンだ。）
② C が先行詞の場合
　→ S + is + C +関係代名詞.
(c) Ken is a boy who is good at sports.
（ケンはスポーツが得意な男の子だ。）
(d) Ken is a boy (whom) I like very much.

（ケンは私が大好きな男の子だ。）

(b)，(d)で目的格の関係代名詞が省略されているときは，the boy I met，a boy I like のように〈先行詞＋S＋V〉の形になる。次のような言い方をたくさん練習しておくとよい。

・I bought the book.
　（私はその本を買った。）
→ the book I bought（私が買った本）
→ The book I bought was interesting.
　（私が買った本はおもしろかった。）
・He wrote a letter.（彼は手紙を書いた。）
→ a letter he wrote（彼が書いた手紙）
→ I got a letter he wrote.
　（私は彼が書いた手紙をもらった。）

---

184 ① **is the bike I was looking for**
② **bus we are waiting for has**
③ **The subject I am interested in is music**

解説 ① は bike，② は bus，③ は subject の後ろに which [that] が省略されている。

---

185 ① **you like** ② **he wrote**

解説 ①「だれがあなたの一番好きな歌手ですか。」②「これは彼が書いた手紙だ。」

---

186 ① **book I need is not in the library**
② **The people I met in Korea were**
③ **he says makes her mad**
④ **is one thing I have to tell you**

解説 ① book の後ろに which [that] が省略されている。② people の後ろに whom [that] が省略されている ③ Everything の後ろに that が省略されている。④ thing の後ろに which [that] が省略されている。1語余るようにするには have to を使う。must では2語余ってしまう。

---

187 ① エ　②ウ

解説 ①エは「これは父が私にくれたカメラです。」で，it が不要。②2番目の文は「彼女はフランスにいたときに彼女が撮った大好きな写真を祖父に見せるだろう。」の意味で，it が不要。イの picture の後ろに which [that] が省略されている。

第4回 実力テスト

1 ① エ　②イ　③エ　④ウ
⑤ エ　⑥ア

解説 ①「あれは私が20年前に訪れたレストランだ。」restaurant の後ろに which [that] が省略された形。②「私の家に1か月滞在した男の子たちはアメリカ人だ。」主語が the boys なので，be 動詞は are を使う。③「向こうで遊んでいる男の子と犬を見なさい。」先行詞が〈人＋人以外〉のときは，関係代名詞は that を使う。④「彼が言うすべてのことはすてきに聞こえる。」Everything (that) he says が主語。everything は単数として扱うので，sound（～に聞こえる）に3単現のsがつく。⑤「私が昨日会った老人は，私の一番の友だちのおじいさんだった。」The old man (whom) I saw yesterday が主語。⑥「あなたが話しかけていた男性は，私たちの学校で働きたがっていた。」talk to a man をもとに考える。man の後ろに関係代名詞 whom が省略された形。

---

2 ① **who [that] had long**
② **which [that] is, speak**

解説 ①「私は長い髪を持つ少女に会った」has も可。②下の文は language の後ろに which [that] が省略された形。

---

3 ① **This is a very good story which [that] makes everyone happy.**

② **Mary is a girl who has blue eyes.**

解説 ①「これはみんなを幸せにするとてもよい物語だ。」　②「メアリーは青い目をした少女だ。」

⑦ **得点アップ**

(a) a novel which [that] was written by the writer
= a novel written by the writer
= a novel (which [that]) the writer wrote
（その作家が書いた小説）

(b) a girl with blue eyes
= a girl who has blue eyes
= a girl whose eyes are blue
（青い目の少女）

---

4 ① **I believed everything my teachers told me**
② **the title of the song I listened to**
③ **Those books you lent me yesterday were very useful to me**
④ **who use them have to know how**
⑤ **the countries I'm going to visit speak many different**
⑥ **a house which was big enough for two families to live in**

解説 ① everything の後ろに that が省略された形。　② song の後ろに which [that] が省略された形。　③ books の後ろに which [that] が省略された形。　④「それら(＝携帯電話)を使う人々は，それらをどのようにして，どこで使うべきかを知らねばなりません。」　⑤「私が訪れる予定の国々の人々は，さまざまな言葉を話します。」countries の後ろに which [that] が省略された形。from と go が不要。　⑥ which は主格の関係代名詞。〈形容詞＋ enough for ～＋不定詞〉で「～が…するのに十分－だ」の意味を表す。

enough を補う。

5 例 **The story you heard from him can't [cannot] be true.**

解説 「～のはずがない」は can't [cannot] で表す。語数の指定を考慮して，story の後ろに which [that] が省略された形を使う。

---

6 ① イ
② 注文，自動的に送られる　③ エ
④ ウ
⑤ **children living far away by ordering them**
⑥ **school lunch**
⑦ ア，エ

解説 ①「世界の多くの人々がこの特別メニューに興味を持ち，仕組みが単純なので人気になりました。今では日本で100軒以上のレストランがこの特別メニューを使っており，アメリカの一部のレストランもそのメニューを使い始めました。」この段落の中に the system という語があり，第4段落の最初の文に this system（この仕組み）とあるので，第4段落の前に入れるのが適切。②第3段落の第4文を参照。　③第4段落を参照。エのようなことは書かれていない。　④第4段落を参照。子どもたちが学校へ来られるようになるかもしれない，と本文には書かれているのでウが正解。　⑤ living は children を修飾する現在分詞，ordering は「注文すること」という意味の動名詞。　⑥「昔は日本の子どもたちを助けていた学校給食が，今では(レストランの特別メニューのヒントにされて)アフリカの子どもたちを助ける」という文脈。　⑦ア「作者がレストランを訪ねたとき，彼は特別メニューを見つけた。」第2段落の第2文に一致する。イ「20円はアフリカの子どもたちが昼食をとるのに十分ではない。」第3段落の最後の文に反する。ウ「アフリカの子どもたちは勉強が好きではないので学校へ行かない。」第4段落の第6～7文に反する。エ「学校給食は家で十分に食べることのできないアフリカの子どもたちを助ける。」第4段落の最後の3つの文に一致。オ「特別メニューから料理を注文するのはとても難しい」第3段落の第2文に反する。

[全訳]
[1]あなたはいつも自分に出された料理を全部食べていますか。あなたは今までに，世界には十分に食べられない多くの子どもたちがいることを考えたことがありますか。あなたは彼らの生活がどのようなものか想像することができますか。これらの子どもたちを助けたいとは思いませんか。私があなたに興味深い仕組みを紹介しましょう。

[2]先月，私は仕事で東京へ行き，昼食をとるためにあるレストランに入りました。そのレストランで，私は特別なメニューを見つけました。私がそのメニューから料理を注文すると，アフリカの子どもたちを助けることができたのです。私がどのようにして彼らを助けることができたのかわかりますか。

[3]その秘密はメニューです。この特別なメニューは，2007年に日本で始まりました。この特別なメニューの仕組みはとても単純です。もしあなたがこのメニューから注文してお金を払うと，お金の一部が自動的にアフリカの国々へ送られます。たとえば，時には20円が現地の子どもたちを助けるためにその国々へ送られます。日本では20円は多くのものを買うのに十分ではありませんが，アフリカの子どもたちにとっては十分です。もし彼らが20円持っていれば，昼食を食べることができるのです。

[4]この仕組みにはいくつかのいい点があります。日本人にとって，料理はそれほど高価ではありません。私たちはそれらを注文することによって，遠く離れたところに住む子どもたちを助けることもできます。そのメニューから料理を注文するのはとても簡単なことです。アフリカの子どもたちにとっては，学校で昼食をとることができます。アフリカには家族の手伝いをしなければならない子どもたちもいます。だから彼らはたとえ勉強したくても学校へ行けません。彼らは家にいなければならないのです。また，彼らは家で十分に食べることができません。学校が無料で昼食を出せば，親は彼らに学校へ行くよう言うかもしれません。それなら彼らは学校で昼食を食べ，読み方や書き方を学ぶことができます。

[5]この仕組みがなぜ考えられたのか知っていますか。それはよく知られたものから生まれました。学校給食です。ずっと前には，学校給食は日本で十分な食べ物のない子どもたちを助けていました。今度はそれがアフリカの子どもたちに食べ物を与えるのです。

[6](上の説明によって)さて，あなたは人々を助けることが難しくないことを学んだところです。もし私たちがそれをしたければ，私たちはアフリカのような場所に住む人々を助けることができます。私たちは簡単な方法とよく知られたものを使って，それをすることができます。今助けを必要とする人々のために，日常生活の中で何かをしてはいかがですか。

語句 ※□内は段落の番号。
1 introduce「〜を紹介する」
2 order「〜を注文する」
3 simple「単純な」
5 think of 〜「〜を思いつく」
6 daily lives「日常生活」(lives は life の複数形)

20 when, because など

188 ① ウ　　② オ　　③ イ　　④ ア
　　⑤ エ

解説 ①「私は子どものときこの公園で遊んだ。」
② 「私は次のバスが来るまでここで待ちます。」
③ 「私は暗くなる前に家に帰らねばならない。」
④ 「私は夕食をとっている間はテレビを見ない。」
⑤ 「私は公園で走ったあとでとても疲れた。」

189 ① **As soon as he arrived at**
② **It began to rain as soon as I got**

解説 as soon as で始まる部分は，前に置いても後ろに置いてもよい。

190 ① **because [as]**　② **If**
③ **Though [Although]**

解説 これらの接続詞で始まる部分も，前にも後ろにも置ける。たとえば①は Because he is sick, he can't join us. とも言う。この場合は間にコンマを入れる。

191 ① ア　② ア　③ ア　④ ア

解説 時や条件を表す **when**, **until**, **if** などの接続詞の後ろでは，未来のことも現在形で表す。

192 ① **and**　② **or**

解説 ①「今出発しなさい，そうすれば最終電車に間に合うでしょう。」②「コートを着なさい，さもないとかぜをひきますよ。」

193 ① ア　② イ　③ イ　④ イ
　　　⑤ イ　⑥ ウ　⑦ ア

解説 ①「イギリスは小さな国にすぎないが，歴史の中で重要な役割を果たした。」②③④時や条件を表す接続詞の後ろでは，未来のことも現在形を使う。⑤命令文, or 〜「…しなさい，さもないと〜」⑥「私の犬は知らない人がドアの前に来るとすぐにほえる。」⑦「もし意味を知らなければ，新しい単語を辞書で調べてはどうですか。」

194 ① **soon**　② **Though [Although]**
　　　③ **If, late**
　　　④ **while [when] I stayed [was]**
　　　⑤ **take you**

解説 ①「そのネコは私を見るとすぐに逃げ出した。」②「彼はしばらくの間日本に住んでいるけれど，日本語を話せない。」③「すぐに出発しなければ，授業に遅れますよ。」④「ロンドンに滞在している間に私は買い物を楽しんだ。」⑤下の文は「10番のバスがあなたを長崎駅へ連れていくでしょう。」の意味。

無生物主語

英語では，「物が主語，人が目的語」という形がしばしば使われる。このようなものを「無生物主語(の文)」と呼ぶことがある。人を主語にして「(人)は〜」と訳すと自然な日本語になることが多い。

・What made him angry?
　S(物)　V　　　O(人)
（何が彼を怒らせたのか。→なぜ彼は怒っているのか。）

・Ten minutes' walk took us to the
　　　S(物)　　　　　V　O(人)
beach.
（10分間の歩行が私たちを浜辺に連れて行った。→私たちは10分歩いて浜辺に着いた。）

・This road will lead you to the park.
　S(物)　　V　　　O(人)
（この道はあなたを公園へ導くでしょう。→この道を行けばあなたは公園に着くでしょう。）

・This picture reminds me of my
　S(物)　　　V　　　O(人)
grandfather.
（この写真は私に祖父を思い出させる。→この写真を見ると私は祖父を思い出す。）

195 ① **Don't be afraid of making mistakes when you speak**
　　　② **Our cat was looked after by our grandfather while we were out**
　　　③ **Any book will be fine as long as it is**

解説 ① be afraid of -ing「〜するのを恐れる」② while we were out「私たちが外出していた間」前半は Our grandfather looked after our cat の受動態。after を補う。③肯定文中の any は「どんな〜でも」の意味。as long as 〜は「〜する[である]限り，〜(し)さえすれば」という意味の接続詞。

196 **before it gets [becomes] dark**

解説 「暗くならないうちに」→「暗くなる前に」と考える。before は時を表す接続詞だから，その後ろでは will は使えない。

197 ① エ　② ウ

解説 ①「トムは帰って来たらすぐに君に真実を話すだろう。」エは comes が正しい。as soon as は時を表す接続詞だから，未来のことも現在形で表す。②「彼女はまもなく[すぐに]また元気になるだろう。」ウは gets が正しい。It won't [will not] be long before 〜. で「〜する前に長い時間はかからないだろう。」→「まもなく〜するだろう。」の意味。before の後ろでは will は使えない。

198 ① 例 I began [started] to study English as soon as I got home.
② 例 If I buy one, would you tell me how to use it?
③ 例 Would you watch this bag while I'm buying [getting] our tickets?

解説 ①「家に着く」は get home または get to my house。②Could you tell me how to use the computer if I buy it [one]? でもよい。③「このかばんを見ておく」は take care of this bag，keep an eye on this bag などでもよい。「乗車券を買いに行く間」は while I'm away to get the tickets などでもよい。

21 動詞・形容詞 + that

199 ① 彼のお父さんが金持ちだと私は知っている。
② 私のおばは自分が中国語を話せると言う。
③ 私は以前この映画を見たことを覚えている。

200 ① think she
彼女はパーティーに来ると思いますか。
② hear you
あなたはギターをひくのがとても上手だそうですね [上手だと私は聞いています]。
③ hope it
今度の日曜日は晴れてほしいと私たちは思っています。

201 ① was happy that I got an e-mail
② afraid that it will rain tomorrow
③ am sorry that he can't come

解説 これらの文の接続詞 that は，話し言葉では省略することが多い。

202 ① thought, was
② knew, were
③ was, would
④ didn't think, was

解説 that の前の動詞を過去形にすると，後ろの動詞も過去形になるのが原則。訳すときは後ろは現在形でよい。たとえば①は「私はそのレストランが閉まっていると思った。」と訳す。

203 ① believe that ② would
③ afraid ④ that, would
⑤ if [whether] he knew the way

解説 ②will が時制の一致で過去形の would になる。③I'm afraid (that) はよくないことを予想する場合に使う。望ましいことを予想するときは I hope (that) を使い，I hope I'll pass the test. のように言う。⑤if には「～かどうか」の意味がある。同じ意味を表す接続詞は whether。

204 ① that, will ② saw
③ that, got ④ for
⑤ he could ⑥ say

解説 ①「私は彼が成功するだろうと確信している。」②「私はずっと前にこの映画を見たのを覚えている。」③「私は彼女から手紙をもらってうれしかった。」④「遅れてすみません。」⑤「その男の子は，自分が日本語を少し話せると言った。」最初の（　）は「話せる」の主語が男の子だから he を入れる。2つ目の（　）は時制の一致で can が could になる。⑥「その先生は私たちの学校を去るそうだ。」I hear (that) ～. = They say (that) ～. = It is said (that) ～.「～だそうだ。」

205 イ

解説 「英語を勉強することはとても大切だと私は思った。」イは時制の一致で it was になる。

206
① He said that it would be fine
② am afraid that she has been ill in bed since
③ Do you think our bus will come on time
④ I hear that cars made in Japan are used all over the world
⑤ look shows [tells] you that he is afraid of you

解説 ① will が時制の一致で would になる。will が不要。 ②I'm afraid that ～.「～ではないかと思う。」 ③think の後ろに that が省略されている。 ④I hear (that) ～.「～だそうだ。」made in ～「～製の」の made を補う。 ⑤「彼の顔つきは彼があなたを怖がっているということを示している。」show [tell] that ～「～ということを示す」shows [tells] を補う。

207
① 例 My father often says that playing is as important as studying.
② 例 The newspaper says (that) it will snow heavily tomorrow. She is afraid (that) her son will [may] be late for the exam.

解説 ①say that ～「～だと言う」say に s をつけるのを忘れないこと。 ②The newspaper says (that) ～.「新聞が～と言う。」→「新聞によれば～。」

22 仮定法

208
① had   ② were
③ would, got

解説 仮定法は，if(もし～なら)の部分では動詞の過去形を，仮定の結果を表す部分では〈would [could] ＋動詞の原形〉を使うのが原則。

209
① were   ② could

解説 I wish ～.(～ならよいのに。)の後ろでは，動詞の過去形や could を使って，現在の事実とは逆の願望を表す。

210
① knew, would
② were, would
③ would, said
④ wish, could

解説 ①～③は if を使った仮定法の文，④は I wish の後ろで仮定法を使って願望を表す文。

211
① had, could [would]
② were, would [could]
③ could, weren't

解説 ①「テントを持っていないので私はキャンプに行けない。」→「もしテントを持っていれば，私はキャンプに行ける[行く]のに。」 ②「私はスポーツが得意ではないので，サッカー部には入らない。」→「もしスポーツが得意なら，私はサッカー部に入(れ)るのに。」 ③「曇っているので，富士山は見えない。」→「もし曇っていなければ，富士山が見えるのに。」

212
① 例 If I lived near my school, I wouldn't be late.
② 例 If I had time, I could help you.
③ 例 I wish there were thirty hours in a day [a day had thirty hours].

解説 ①②は if，③は I wish を使った仮定法の文を作る。

---

23 both A and B など

---

213 ① **Both, and**　② **and in**

解説 この種の表現では，形の上で対等なもの同士が結びつけられる。②は in Japan と in Korea が結びつけられた形。

---

214 ① **either, or**　② **Neither, nor**
③ **neither, nor [don't, or]**

解説 ③ read books と see movies が結びつけられた形。

---

215 ① 彼女は英語の先生ではなく数学の先生だ。
② 私はバスではなく自転車で通学している。

解説 ② by bus と by bike が結びつけられた形。

---

216 ① **not only math but also science**
② **speak not only English but Chinese**
③ **Not only the students but also the teacher**

解説 ②は but の後ろの **also** が省略された形。

---

217 ① **The DVD was so exciting that I couldn't stop watching it.**
② **I was so sleepy that I went to bed early.**
③ **I was so tired that I couldn't [could not] study.**
④ **The story was so strange that we couldn't [could not] believe it.**

解説 ③「私は勉強するには疲れすぎていた。」→「私はとても疲れていたので勉強できなかった。」④最後に it が必要。（→解答 p.20）

---

218 ① ウ　② ウ　③ ア

解説 ①「母も姉[妹]も人々を家に招待するのが好きです。」②「これらのテレビ番組は，子どもだけでなく，この国の多くの問題について知りたいと思っている大人にとってもすばらしいものだ。」③「私はこの時計を好きではないし，あの時計も好きではない。」

「～もまたそうです」の表現

〈肯定文〉
A: I'm tired.（私は疲れています。）
B: I'm tired, **too**. = **So am I.**
（私も疲れています。）
〈否定文〉
A: I'm not tired.（私は疲れていません。）
B: I'm not tired, **either**. = **Neither am I.**（私も疲れていません。）
否定文に対しては，too の代わりに either を使って答える。また，肯定文には〈So + V + S.〉，否定文には〈Neither + V + S.〉という答え方もできる。

---

219 ① **Both, and**　② **so, that**
③ **Neither, nor**　④ **well**
⑤ **to, so that, could**

解説 ①「ジロウもケイコもフランス語を上手に話せる。」②「私はとても疲れていたのでゆうべは早く寝た。」③「ジョンもメアリーも1等賞を取れなかった。」④ not only A but also B = B as well as A（Aだけでなく[はもちろん]Bも）⑤「デイビッドは外国旅行をするために1万ドル貯金した。」

「～できるように[するために]」の表現

(a) He studies hard **to** become a doctor.
(b) He studies hard **in order to** become a doctor.
(c) He studies hard **so that he can**

become a doctor.

「彼は医者になるために熱心に勉強している。」は，(a) のように不定詞を使って表す。(b) は〈in order to ＋動詞の原形〉で「～するために」。〈目的〉の意味を明確に表したいときはこの形を使う。(c) は **so that S can V** で「SがVできるように［するために］」の意味。so ～ that ...「とても～なので…」とはちがって，so that がつながっている。

・I kept the door open **so that** my cat **could** come into the room.
（私はネコが部屋に入ってこられるようにドアを開けておいた。）

---

220 The question was so difficult that I couldn't [could not] answer it.

解説 「その質問は私が答えるには難しすぎた。」→「その質問はとても難しかったので私には答えられなかった。」

---

221 ① Neither　② but on
③ such

解説 ③ so ～ that ... の変形で，後ろに名詞があるときは〈such(a[an]) ＋形容詞＋名詞＋ that ～〉の形で「とても…な－なので～」の意味を表す。

・The movie was **so** boring **that** I fell asleep.
＝ It was **such a** boring movie **that** I fell asleep.
（とても退屈な映画だったので，私は眠りこんだ。）

---

222 ① This movie is so interesting that it must be famous in Japan
② It was so hot that I kept the window open
③ I hurt not only your feelings but also mine
④ as well as my mother is fond of the poem written by

解説 ③ only を補う。　④ A as well as B（BだけでなくAも）が主語のとき，動詞はAに合わせる。ここではAに当たるのは my sister だから，be 動詞は are ではなく is を使う。are が不要。

得点アップ

「**A だけでなく B も**」の書きかえ
He can speak **not only** English **but also** French.
＝ He can speak French **as well as** English.
（彼は英語だけでなくフランス語も話せる。）

---

223 ① 例 **It was so cold that I didn't [did not] go out.**
② 例 **I was so nervous that I couldn't [could not] answer any questions.**

解説 ① It was very cold, so I didn't go out. などでもよい。　② I couldn't say anything などでもよいが，「どの質問にも答えられなかった。」と表現するのがよい。

---

24 前置詞

224 ① that girl with long hair
② Put this picture on the wall
③ The picture on the wall is very old

解説 ① with long hair は girl を修飾する。② on the wall は put を修飾する。③ on the wall は picture を修飾する。

---

225 ① at, on　② over [above]
③ to, by　④ by

解説 ①特定の日や曜日は on で表す。②on は接触している場合に使う。「上のほう」は over や above で表す。③by bus の bus の前には a や the はつけない。④by -ing「～すること

によって」

226 ① in front of　② because of
　　③ between you and Ken
　　④ out of

解説 ③ between A and B「AとBの間に」
④ come out of 〜「〜から(外へ)出てくる」

227 ① from　② after　③ for
　　④ for　⑤ like　⑥ for, on
　　⑦ with

解説 これらはすべて熟語として暗記するのがよい。

228 ① asked our teacher for help
　　② will take care of the dog
　　③ going to take part in

解説 ② take care of = look after　③ take part in = join

229 ① イ　② ア　③ イ

解説 ②「〜に間に合う」は be in time for 〜。
③ be full of = be filled with

230 ① yourself　② on, from

解説 ① by oneself = alone　② on one's way は「途中で」

231 ① エ　② ウ　③ ウ　④ ウ

解説 ①「今から〜たてば」は in で表す。　② by (〜までに)と till(〜まで)を混同しないこと。③「あなたの右側に見えるでしょう。」④「私はこの地区はよく知りません。」be familiar with 〜「〜をよく知っている」

232 ① against　② with, full

解説 ① for は「〜に賛成して」, against は「〜に反対して」　② with one's mouth full「口が(食べ物で)いっぱいの状態で」

233 ① on foot　② by plane
　　③ at, age　④ from abroad

解説 ① on foot「徒歩で」　② by (air)plane「飛行機で」　③ at the age of 〜「〜歳のときに」④ from abroad「外国から(来た)」

234 ① Look at the girl singing between those two boys
　　② There is something wrong with my father's car
　　③ The dog she takes for a walk
　　④ telling you to cook at home instead of eating out
　　⑤ Who is the woman sitting next to the man with a flower in his hand
　　⑥ I am looking forward to hearing from you
　　⑦ There were many things about him which reminded me of
　　⑧ Recent studies have shown there is a strong relationship between tears and

解説 ①「あれらの2人の男の子の間で歌っている女の子を見なさい。」　② There is something wrong with X. = X is out of order.「X は故障している。」　③ take 〜 for a walk「〜を散歩に連れていく」dog の後ろに関係代名詞(which [that])が省略されている。　④ cook at home「家で料理する」→「自炊する」, eat out「外食する」　⑤〈名詞＋分詞〉の形。that が不要。　⑥ look forward to -ing(〜するのを楽しみに待つ)の形を思い出すのがポイント。hear from 〜は「〜から便りがある」。looking と from を補う。　⑦ remind A of B「A(人)に B(事柄など)を思い出させる」　⑧ there is a relationship between A and B「A と B の間には関係がある」

235 ① エ　　② ア　　③ エ

解説 ①「ナツミはまもなくここに来るでしょう。」②「無料では決して何も手に入らない。」③「タケオは若いころにつらい時代を経験した。」

236 ① for　　② time　　③ look　　④ on　　⑤ as

解説 ① for example「たとえば」, wait for ～「～を待つ」　② be in time for ～「～に間に合う」　③ look after ～「～の世話をする」, look back「振り向く」　④ on account of ～「～のために(because of)」, on average「平均して」　⑤「チームメートとして, 彼はいつでも私に親切だ。」「プードルやチワワのような高価な犬はこの店には置いていない。」, A such as ～「(たとえば)～のような A」

237 ① イ　　② イ　　③ イ　　④ ウ

解説 ① イは hearing from が正しい。　② イは on が正しい。　③ イは at the supermarket が正しい。go shopping **at** the supermarket で「スーパーへ買い物に行く」　④ ウは because of sickness または because he was sick が正しい。because of(～のために)は 1 つの前置詞だから, 後ろに形容詞(sick)は置けない。

第5回 実力テスト

1 ① ウ　　② イ　　③ イ　　④ ア　　⑤ ア　　⑥ ア

解説 ①「私は明日までに宿題を終えねばならない。」　②「君は私が歯医者から戻るまで家にいなければならない。」　③「彼女は娘の成功を誇りに思っている。」　④「彼女は私に連絡すると言ったが, 手紙も電話もしてこなかった。」　⑤「兄[弟]は試験に合格するために一晩中熱心に勉強した。」　⑥「メアリが私の家に着くとすぐに, 私たちは彼女のためにケーキを料理し始めます。」as soon as ～(～するとすぐに)の後ろでは, 未来のことも現在形で表す。

2 ① Both, were　　② by car　　③ took, of　　④ If, miss　　⑤ off, going　　⑥ Every, with　　⑦ such a kind, that

解説 ①「母は看護師だった。祖母も看護師だった。」→「母も祖母もどちらも看護師だった。」　②「おじはいつも車で仕事場に行く。」　③「ジョンは先月私のネコの世話をしてくれた。」look after ～ = take care of ～ =「～の世話をする」　④「急ぎなさい, さもないとバスに間に合わないでしょう。」→「もし急がなければ, バスに乗り遅れるでしょう。」　⑤「ジェニファーは寝る前に電気をつけたままにしておいた。」→「寝る前に電気を消し忘れた。」　⑥「ジャックは犬を連れずに外出することは決してない。」→「ジャックが外出するときはいつも, 犬といっしょだ。」every time「～するときはいつでも(接続詞句)」　⑦「彼はとても親切な少年なので, いつも他の人たちを手伝う。」such a + 形容詞 + 名詞 + that ～「とても…な○○なので～」

3 ① イ　　② イ　　③ ア　　④ ウ　　⑤ イ

解説 ①「もし君に興味があれば, カタログを君に送りましょう。」イは are が正しい。if(もし～なら)の後ろでは, 未来のことも現在形で表す。　②「このレストランでは, 朝食といっしょにお茶とコーヒーのどちらかがついて来ます。」イは comes が正しい。　③「きのう私の留守中に, 先生が数学のテストでの私の低い得点について話すために私に電話してきた。」アは During(前置詞)が正しい。　④「私はいとことホンコンに買い物に行きます。」ウは in が正しい。「ホンコンで買い物をする」と考える。　⑤「英語を話すことのできる人々をほしがる会社が増えている。」イは want people who [that] が正しい。

4 ① because of　　② end, in

解説 ① because of ～「～(の理由)のために」　② succeed in ～ ing「～することに成功する」

5　① while he was working as an assistant teacher
　　② Anyone who wants to take part in the *bon-odori* is

解説 ①「あなたの夫はとてもいい人です。どうやって彼と会ったのですか。」「彼が補助教員として働いていた間に，フォレストレイク高校で会いました。」　②「見て！向こうでみんな踊っているよ。入ってもいいかな？」「もちろん。私たちの町では，盆踊りに参加したい人ならだれでも歓迎されるわ。」welcome（～を歓迎する）を受動態にした形。anyone who ～（～する人はだれでも）は単数扱いして，動詞は is を使う。

6　① I can't stop thinking about it [that]
　　② I don't know what I should do
　　③ It reminds me of my hometown
　　④ It makes me happy.
　　⑤ I'm glad [happy] to hear that

解説 ① stop +～ing「～するのをやめる」　③ remind 人 of ～「（人）に～を思い出させる」
全訳
メアリ：顔色が悪いわよ，ジョン。よく眠った？
ジョン：あんまり。ぼくが経験した事故について悪夢を見たんだ。
メアリ：今は安全よ。心配する必要はないわ。
ジョン：わかっているけど，①どうしてもそのことについて考えてしまうんだ。
メアリ：たぶん何かほかのことを考えるのがいいわ。
ジョン：そうだね…そうしたいけれど，ぼくには難しい。②何をすべきか分からない。
メアリ：わかったわ。手を貸してあげる。外を見て！
ジョン：わあ！雪が降っている！雪は好きだよ。③それは故郷を思い出させてくれるんだ。
メアリ：すてきね！あなたの故郷について私に話してくれる？
ジョン：そこですばらしい子ども時代を過ごしたよ。たくさんの親切な人々がいた。故郷のことを考えると楽しい。④そうすると僕は幸せな気持ちにな

るんだ。
メアリ：今は気分はよくなった？
ジョン：うん。今夜はよく眠れそうだ。
メアリ：⑤それを聞いて嬉しいわ。
ジョン：ありがとう。

7　① 例 Come [Go] home before it becomes [gets] dark.
　　② 例 If you are busy tomorrow, shall I help him with his homework?
　　③ 例 I happened to meet a boy who [that] spoke not only English but also French.

解説 ① before（～する前）の後ろでは will は使わない。　② help + 人 + with ～「（人）の～を手伝う」　③ happen to +動詞の原形「偶然～する」，not only A but also B「Aだけでなく B も」

8　① 例 People have always thought that the ocean is a limitless source of food.
　　② 人々は海から魚をあまりに多く獲っているので，魚はその数を保つのに十分なはやさで卵を産むことができない。
　　③ だから，政府はお金や他の援助を漁業に与えた。
　　④ イ―ウ―ア

解説 ① 現在完了形（have thought）を使う。② so ～ that ...「非常に～なので…」，quickly enough to +動詞の原形「～できるほどすばやく」，keep up ～「～を維持する」　③ give A to B =「A を B に与える」　④ 全訳を参照。
全訳
⑴人々はずっと，海は食物の無限の源であると考えてきた。しかし今日では，海には実際に限界があることを示す明確な兆候がある。私たちが好んで食べる魚の多くを含めて，海の大型魚のほとんどが今では消えてしまった。主な理由の一つは乱獲である。

(2)人々は海から魚をあまりに多く獲っているので，魚はその数を保つのに十分なはやさで卵を産むことができない。この問題はどのようにして始まったのか。そして魚の未来はどうなるのだろうか。

　何世紀もの間，地元の漁師たちは家族や地域社会のために十分な量の魚だけを獲ってきた。彼らは一度に一匹の魚をねらうやりや釣針などの伝統的な道具を使っていた。しかし20世紀半ばには，世界中のより多くの人々がたんぱく質や健康によい脂肪の供給源として魚に関心を持つようになった。(3)だから，（各国の）政府はお金や他の援助を漁業に与えた。

　その後，漁業は成長した。イ大きな漁業会社が多くの魚を獲り始めた。ウさらに彼らは漁業をより簡単にする新しい技術を使い始めた。ア彼らは世界中に魚を売り，大金をかせいだ。これらの技術には，魚を見つけるための水中音波探知機や，海底に沿って大きな網を引くことが含まれる。これらの技術のおかげで，大きな漁業会社は地方の漁師よりもずっと多くの魚を獲ることができた。

語句

sign 兆候　actually 実際に　limit 限界
including ～を含めて　overfishing 魚の乱獲
produce ～を生み出す　community 地域社会
target ～をねらう　tecnology 科学技術

25 間接疑問

238 ① I know why he was absent from school.
② Do you know who that man is?
③ Please tell me when the next bus comes.

解説 ②Who is that man? に対する答えはたとえば He is Mr. Yamada. となるので，that man が主語だとわかる。間接疑問は疑問詞＋〈S＋V〉の語順なので，who that man is となる。

239 ① him where he lived
② what this fish is called
③ know who brought these flowers

解説 ②What is this fish called? の間接疑問。③Who brought these flowers? の間接疑問。who が主語なので，語順の変化は起こらない。

240 ① The teacher asked the boy what time he got up this morning
② know how long I have been in
③ asked Mike why he was laughing at me

解説 ②Aが「(体の)調子はどうだい」と尋ねているのに対して，Bは「あまりよくないんだ。君はぼくが(今まで)どのくらい長くベッドに寝ていたか知っているかい。1週間だよ。」と答えている。was が不要。③「私はマイクになぜ私を笑っているのかと尋ねた。」asked が過去形なので，時制の一致で was laughing になっている。laugh at ～「～を笑う」の at を補う。

241 ① Do you know who broke
② to know why she bought

解説 ①「～を割る」は break（過去形は broke）。

242 ① 例 Our teacher asked us how many languages there were [are] in the world.
② 例 No one [Nobody] understands how busy I am now.

解説 ①How many languages are there in the world? を間接疑問にする。asked（過去形）との時制の一致で are は were になるが，現在も続く状態を表す場合は現在形の are のままでもよい。②「どのくらい」は how で表す。no one [nobody] は単数扱いなので，動詞には3単現の s が必要。

26 付加疑問

243 ① **isn't he** ② **doesn't she**
③ **could you** ④ **has it**

解説 付加疑問は〈助動詞［be 動詞］＋主語〉の形。

244 ① **are there** ② **will you**
③ **shall we**

解説 ②Will you close the door? と同じ意味。③Shall we go shopping in the afternoon? と同じ意味。

245 ① ウ ② エ ③ ウ ④ エ

解説 ①「あなたはこの映画が好きですね。」 ②「あなたは昨日，勉強しませんでしたね。」 ③「サラはゆうべこの本を読みましたね。」last night があるので read は過去形。 ④「この映画を今度の日曜日に見に行こうよ。」go (and) ～は「～しに行く」

246 ① **didn't he** ② **isn't it**
③ **will it** ④ **hasn't**

解説 ③won't は will not の短縮形。④He's は He has の短縮形。「彼は禁煙した（今はたばこを吸わない）のですね。」の意味。

247 ① ウ ② オ

解説 ①ウは shall が正しい。②オは didn't you が正しい。

248 例 **You don't know where he went, do you?**

解説 where he went は Where did he go? の間接疑問。

27 重要な表現

249 ① ア ② イ ③ イ ④ イ

解説 ①数えられる名詞の前には few を置く。②little だと「ほとんどない」の意味になる。④片方のくつは shoe。くつは 2 つ 1 組で使うので，「1 足のくつ」は a pair of shoes と言う。

250 ① **no** ② **nothing** ③ **at**

解説 ②no = not ～ any だから，I haven't had anything since this morning. と言いかえられる。

251 ① **all** ② **over** ③ **for**
④ **At** ⑤ **right** ⑥ **By**

252 ① **caught** ② **had** ③ **mind**
④ **see** ⑤ **take** ⑥ **taking**

解説 ②継続を表す現在完了。 ③make up one's mind = decide。後ろに不定詞を置いて「～することを決心する」という意味を表す。⑥How about -ing?「～するのはどうですか。」

253 ① **the other** ② **another**
③ **others**

解説 ①2 つのうちの残りの一方は the other。②「別のどれか 1 つ」は another。 ③「別のいくつか」は others。

254 ① 今年の冬はほとんど雪が降らなかった。
② オーストラリアでは英語が話される。
③ 駅からあなたの学校までどのくらい距離がありますか。

解説 ①a little は「少しある」，little は「ほとんどない」 ②They は現地の人々のこと。「彼ら」とは訳さない。 ③距離を表す文は it を主語にする。

---

255 ① matter, look　② don't you
　　　③ don't we

解説 ① look「〜に見える」　② Why don't you 〜？は相手に何かをするよう勧める言い方。③ Why don't we 〜？はいっしょに何かをしようと誘う言い方。

---

256 ① イ　② ア　③ ウ　④ ウ
　　　⑤ エ　⑥ エ　⑦ ウ

解説 ①「さいふをなくしたので（1つ）買わねばならない」one = a purse。it だと「なくしたさいふを買う」ことになり不自然。②「彼女はよくうそをつくので，まわりに友だちがほとんどいない。」③「すべての生徒は夏休みの間たくさんの宿題がある。」homework は数えられない名詞なので，複数形にしたり many で修飾したりすることはできない。④ break one's promise「約束を破る」「約束を守る」は keep one's promise。⑤「別のをいくつか見せてください。」another はもともと an + other だから，an another とは言えない。each other は「お互い」⑥「この職場には5人のスズキさんがいる。1人は東京出身で，残りは全員横浜出身だ。」⑦「部員のそれぞれが来週スピーチをする予定だ。」each は「それぞれ」という意味の代名詞。**every** は後ろに名詞が必要で，**every of** 〜とは言わない。all や both を入れると動詞は is でなく are になる。

⑦ 得点アップ

数えられない名詞には次のようなものがある。
(a) 自然の中にあるものなどを表す名詞
　（例）**air, bread, chalk, coffee, money, sugar, tea, water**
(b) 抽象的な意味を表す名詞
　（例）**advice, breakfast, *fun, *homework, lunch, music, *news, weather, *work**
これらの名詞の前には a [an] はつけない。複数形にもできない。* は特に誤りやすいので注意。
○ I have a lot of **work** [×works] to do. （私にはするべき仕事がたくさんある。）

---

257 ① Why don't
　　　② Why don't we
　　　③ It rained　　④ miss

解説 ①「軽食堂へ行くのはどうですか。」②「いっしょにテニスをしませんか。」③「先月はほとんど雨が降らなかった。」④「急げ，さもないと列車に乗り遅れるぞ。」

---

258 ① don't know it at all
　　　② I will never forget those happy days in Canada.
　　　③ There was a cup of hot coffee on the
　　　④ how hard he has practiced for this game
　　　⑤ It will take thirty minutes to the station
　　　⑥ How long does it take to walk to the station
　　　⑦ How much does it cost to go to Nikko
　　　⑧ How much do you think he paid for that PC

解説 ①「私はそれを全く知らない。」② never「決して〜ない」don't が不要。③ a cup of coffee「1杯のコーヒー」cup を補う。④ How hard has he practiced for this game? を間接疑問にした形。⑤⑥〈It takes ＋時間〉「〜の時間がかかる」後ろに不定詞を置くと「…するのに〜の時間がかかる」の意味。⑤は take を，⑥は take と walk を補う。⑦〈It costs ＋金額＋不定詞〉「…するのに〜の金額がかかる」cost は過去形・過去分詞形も cost。⑧ Do you think + [How much did he pay for that PC?]。ふつうの間接疑問なら Do you think how much he paid for that PC? となるが，この文では how much が文頭に移動する（「彼がいくら払ったか」を尋ねているから）。

疑問詞＋do you think 〜？

(a) **Do you know** who **he is?**
（彼がだれなのか知っていますか。）
― Yes, I do. / No, I don't.
（はい。／いいえ。）

(b) Who **do you think he is?**
（彼がだれだと思いますか。）
― I think he is Tom's brother.
（トムの弟だと思います。）

(a)はふつうの形の間接疑問。「知っているかどうか」を尋ねているので，Yes / No で答える。(b)は，答えの文からわかるとおり「彼はだれか」を尋ねているので，who が文の最初に移動する。「疑問詞は **do you think** の前に置く」と覚えておくとよい。その後ろが〈S + V〉になる点に注意。

259 例 **No one knows what she wants to be [become].**

解説 knows に3単現の s がつく点に注意。

260 ① ウ　② オ　③ ア　④ イ

解説 ①ウは little が正しい。butter は数えられない名詞。「私たちはプレーンオムレツ［具の入っていないオムレツ］を作るためにたくさんの卵と少しのバターが必要だ。」　②オは the が不要。another は an + other だから，その前に the をつけることはできない。「あなた自身の人生を他人の人生と比べてはいけない。」エの that は the life の意味。③アは Excuse me. が正しい。「すみません［ちょっとよろしいですか］。」と相手の注意をひくときに，いきなり I'm sorry.（ごめんなさい。）と謝るのは不自然。　④イは a few books が正しい。(a) few の後ろには複数形の名詞を置く。「父はコーヒーを少し飲んだあとで数冊の本を持って居間へ入ってきた。」

261 ① **a piece [sheet] of**
② **child is**
③ **not sure**
④ **How do you like**

解説 ①a paper だと「1部の新聞(newspaper)」の意味になる。　②〈every + 名詞〉は単数扱い。③「私は確信を持っていない。」と表す。④How do you like 〜？「〜（の感想）はいかがですか。」答えの文は (I like it) very much.「とても気に入っています。」ということ。

🅐 得点アップ

(a) **a piece of** 〜などで数える名詞
a piece of cake「1切れのケーキ」
a piece of chalk「1本のチョーク」
a piece [slice] of bread
「1切れ[1枚]のパン」
a cup of tea「カップ1杯のお茶」
a glass of water「コップ1杯の水」
a lump of sugar「1個の角砂糖」
※「コップ2杯の水」は two glasses of water。water は複数形にできないので，**glass**（容器）のほうを複数形にする。

(b) **a pair of** 〜で数える名詞
a pair of shoes「1足のくつ」
a pair of glasses「1つのめがね」
a pair of scissors「1つのはさみ」
a pair of pants [trousers]「1本のズボン」
2つの部分が対になっている物は，a pair of 〜で数える。「2足のくつ」は two pairs of shoes。数を問題にしないときは，たとえば Your glasses are on the table.（あなたのめがねはテーブルの上にあります。）のように言う。品物としてのめがねは1つでも，glasses は複数形だから are で受けている点に注意。

262 ① (1) 例 **Did anyone call me while I was out?**
(2) 例 **I can't [cannot] remember who it was.**
② 例 **There was [I had] so much homework that I had little time to sleep yesterday [last night].**

解説 ①　(1)「私が外出している間にだれかが私に電話しましたか。」と表現する。Did anybody call me while I was away [during my absence]? などでもよい。(2)I don't

remember who he [she] was. で も よ い。
② homework は数えられない名詞。time は数
えられない名詞なので，「ほとんど時間がなかっ
た」は I had little time。so ～ that ... 「とて
も ～ なので…」を使うと書きやすいが，I had
little time to sleep, because I had to do
a lot of homework yesterday. でもよい。

第6回 実力テスト

1 ① ウ　② ウ　③ ウ　④ ウ
　　⑤ イ　⑥ イ

解説 ①天候は **it** を主語にして表す。　②「1つの
文化の中でよいかもしれないことが，別の（もう
1つの）文化の中では無作法になるかもしれな
い。」　③everyone（みんな）は単数として扱う。
アやイは複数なので like に s はつかない。
④「十分なお金を持っていない。」という意味に
する。　⑤「運転免許証を見せてください。」「はい，
どうぞ。」Here you are. は相手に物を差し出
すときの決まり文句。　⑥「彼女は今家にいます。」
に続く言葉としては，「ちょっと待ってください。」
が適当。Hold the line. は「電話を切らずに待
ってください。」の意味。Hold on. とも言う。

2 ① **when, where**
　　② **where he went**
　　③ **old I am**
　　④ **without, anything**
　　⑤ **What, for**

解説 ①「あなたの誕生の日付と場所」→「あなた
がいつどこで生まれたか」　②「彼が昨日どこへ
行ったのか知っていますか。」（間接疑問）　③「私
の年齢を知っていますか。」→「私が何歳である
かを知っていますか。」　④「彼は何も言わずに部
屋を出た」without（～しないで）の中に否定の
意味が含まれるので，nothing が anything に
変わることに注意。　⑤どちらも店員が客に「い
らっしゃいませ[何かご用がありますか]。」と言
うときに使う決まり文句。

3 ① **another**
　　② **have the wrong**
　　③ **wrong, have**
　　④ **the matter**
　　⑤ **help**　⑥ **What is it**

解説 ①「（不特定の）別の1つ」は another で表
す。　②電話の決まり文句。　③④What's
wrong? = What's the matter?「頭が痛い」
は「頭痛を持っている」と表現する。　⑤Please
help yourself. は「自由に取って食べて[飲ん
で]ください。」という意味。　⑥What is ～
like?「～はどのようなものですか。」この like
は「～のような」の意味で，look like ～（～の
ように見える）などと同じ。How do you like
～?（～はいかがですか。）という言い方もあるが，
この like は「～を好む」という意味なので後ろ
に目的語が必要。

4 ① **I don't know what kind of
sweater she bought**
　　② **Would you tell me what
time this party will be
over**

解説 ①間接疑問の形にする。what kind of ～
は「どんな種類の～」　②「このパーティーはい
つ終わりますか。」は What time will this
party be over? を間接疑問に。finish が不要。

5 ① 例 **Why don't you write (a
letter) to your parents?**
　　② 例 **Tell me what you want
to have [eat] for dinner
[supper].**
　　③ 例 **Will [Would, Could] you
tell him (that) I will
not [won't] be in time for
the meeting this evening?**

解説 ①「～してはどうですか。」と相手に勧める
ときには，Why don't you ～? が使える。
How about writing (a letter) to your
parents? でもよい。　②「夕食に何が食べたい

ですか。」は What do you want to have for dinner? や What would you like for supper? など。これらを間接疑問にする。　③「～してくれませんか。」は Will [Would, Could] you (please) ～?。「間に合わない」は not be in time for ～や be late for ～で表す。未来の内容なので will を使うことに注意。

---

6 ① (A) エ　　(B) ウ
② 自動販売機
③ 多くのエネルギーを使うこと。(14字)
④ (1) ○　　(2) ×　　(3) ○
　　(4) ×　　(5) ×
⑤ ウ

解説　①(A) 比較級を much で強調して，「(それまでより)ずっと大きい」という意味にする。(B) 〈make + O + C〉(O を C にする)の形。This は前の文の内容(温かい飲み物と冷たい飲み物の両方を売る自動販売機が作られたこと)を指す。「このことがその機械をより便利にした。」とすれば意味が通じるので，useful を比較級(more useful)にする。　②「それらからお金を取り出す。」という意味だから，them は自動販売機を指す。　③「もう1つの問題」とは，次の文中の a vending machine uses much energy を指している。　④(1)「日本ではすでに30年前には自動販売機から温かい飲み物を買うことができた。」第2段落の第2文から，1970年代ごろには温かい飲み物を売る自動販売機が作られていたことがわかる。したがって正しい。(2)「今ではだれでも午後11時よりあとは自動販売機から酒とたばこを買うことができる。」第3段落の最後の文の内容に反する。(3)「1台の自動販売機は，平均的な家庭よりも多くの電気を使う。」第4段落の第4文に一致する。(4)「太陽電池は自動販売機に最初に使われたとき多くの問題を持っていた。」第5段落の第2～3文に反する。(5)「日本ではほとんどの自動販売機は屋内にある。」第3段落の第3文に反する。　⑤「この問題に対する解決策は，電気として太陽電池を使うことである。」solar batteries(太陽電池)が第5段落で初めて出てくることと，this problem(この問題)が何を指すかがヒントになる。ウにこの文を入れれば，第4段落の第1文の another

problem(別の問題)，直後の This is good(これはよいことだ)と意味がつながる。

全訳　自動販売機は世界のほかのどの国よりも日本で多く見られる。日本には500万台以上の自動販売機があることをあなたは知っていただろうか。約23人に対して1台の自動販売機があるのだ。たとえばお茶，コーヒー，インスタントラーメン，アイスクリームなど，ほとんど何でも買うことができる。

日本の自動販売機の数は，1960年代にずっと多くなった。1970年代ごろには，日本は1台の機械で温かい飲み物と冷たい飲み物の両方を売る自動販売機を作った。このことがその機械を人々にとってより便利なものにした。なぜなら冬には温かい飲み物，夏には冷たい飲み物を買うことができるからだ。今では，たとえいなかでもすべての通りで自動販売機を見つけることができる。時には，1つの場所に多くの自動販売機が取りつけられていることがある。

多くの国々では，自動販売機は建物の中に取りつけられている。それは，機械からお金を簡単に取り出せるからである。日本では路上に多くの自動販売機があるので，だれもがいつでも何でも買うことができる。20歳より若い人々が酒やたばこを買えることが問題になった。近ごろでは，酒やたばこを売る自動販売機には身分証明を求める仕組みがある。人々は自動販売機からたばこを買うために身分証明カードを必要とする。身分証明カードなしで酒を売る自動販売機は，午後11時に販売を停止する。

自動販売機は便利だが，別の問題もある。温かいものと冷たいものの両方を買えるので，自動販売機は多くのエネルギーを使う。1台の機械が1年に約3,500キロワットの電気を使う。平均的な家庭が使う電気は1台の自動販売機よりも少ない。この問題に対する解決策は，電気として太陽電池を使うことである。自動販売機の多くは飲料用で屋外に取りつけられているので，これはよいことだ。

太陽電池が使われると，電気代を安くする。1996年の春に，太陽電池が飲み物を売る一部の自動販売機で初めて使われた。それは成功だった。今日では日本のほとんどの自動販売機は電気として太陽電池を使っている。

語句　※□内は段落の番号。
① for every ～, there is one ...「すべての～につき1つの…がある」
⑤ solar battery「太陽電池」bring ～ down「～を引き下げる」cost「費用」